《生态文化辞典》编纂委员会

主　　任　王旭烽
副主任　　任　重
编　　委　王旭烽（浙江农林大学文化学院、浙江农林大学生态文化研究中心）
　　　　　胡勘平（国务院环保部、中国生态文明研究与促进会）
　　　　　徐更生（中国社会科学院）
　　　　　余谋昌（中国社会科学院）
　　　　　楼国华（浙江省生态文化协会、浙江省林业厅）
　　　　　沈满洪（浙江理工大学）
　　　　　任　重（浙江农林大学文化学院、浙江农林大学生态文化研究中心）

参与编写人员

（按姓氏笔画为序）

王　竹	王　洪	王旭烽	王洪岳	王秋雁	冯晓燕
冯博杰	任　重	孙芙蓉	孙和林	孙美莉	庄道树
朱永香	闫　晶	何　芳	吴素萍	张　华	张力军
张小芳	李广平	李淑冰	邱　斌	陈　仪	陈　雄
姚　霞	姚声正	姜　涛	夏丽萍	高　勇	高洪娣
黄玉冰	彭　赋	彭福华	谢云兰	廖伦忠	廖静如

生态文化辞典

A CONCISE DICTIONARY OF ECO-CULTURE

主 编 王旭烽

副主编 任 重

江西人民出版社
全国百佳出版社

图书在版编目(CIP)数据

生态文化辞典 / 王旭烽主编. —南昌：江西人民出版社，2012.10
ISBN 978-7-210-05666-9

Ⅰ.①生… Ⅱ.①王… Ⅲ.①文化生态学-词典 Ⅳ.①G0-61

中国版本图书馆 CIP 数据核字(2012)第 198726 号

生态文化辞典

主　编：王旭烽
责任编辑：徐明德　蒲　浩
封面设计：同异文化传媒
出　　版：江西人民出版社
发　　行：各地新华书店
地　　址：南昌市三经路 47 号附 1 号　(330006)
编辑部电话：0791-86898965
发行部电话：0791-86898801
网　　址：www.jxpph.com
E-mail：xmd66@126.com

2012 年 10 月第 1 版　2012 年 10 月第 1 次印刷
开　本：880 毫米×1230 毫米　1/32
印　张：7
字　数：200 千
ISBN 978-7-210-05666-9
赣版权登字—01—2012—472
版权所有　侵权必究
定　价：38.00 元
承　印　厂：江西华奥印务有限责任公司

赣人版图书凡属印刷、装订错误，请随时向承印厂调换

前　言

　　人类以人的方式繁衍生息,这种人的方式就是文化。所有的文化都是人类与自然的关系的结晶。在历史进程中,人类依次经历了原始文明、农业文明和工业文明三种文明形态,每一种文明都有其主导文化,如,原始文明的主导文化是渔猎文化或者采猎文化;农业文明的主导文化是农耕文化;工业文明的主导文化是工业文化。进入工业文明时代之后,人类在创造巨大物质财富的同时,也带来了诸多的生态环境问题。21世纪,生态文明行将取代工业文明,选择一种可持续发展的文化——生态文化。

　　人类发展的历史和现实,反复证明了人类文明与人类环境的辩证关系。人类在遭遇一次又一次惊心动魄的生态灾难之后,终于清醒地意识到物质文明的每一次进步都是不同程度的以破坏自然环境为代价的,深刻认识到人类的发展应该是人与社会、人与环境、当代人与后代人的协调发展。人类的发展不仅要讲究代内公平,而且要讲究代际公平,亦即不能以当代人的利益为中心,甚至为了当代人的利益而不惜牺牲后代人的利益。由此,生态文化的产生是人们对工业文明进行反思的结果,它是生态文明时代的产物,也是人类文化发展的新阶段。

生态文化的概念,在西方是从环境教育的角度提出来的。西方生态文化研究肇始于20世纪中叶,可概括为"人类中心论"和"非人类中心论"两大生态文明观,都从哲学或应用哲学的角度揭示了"传统人类中心论"是生态问题产生的根源,把人类脱离生态危机的出路归结为"是走出人类中心主义还是走入人类中心主义"的抽象价值争论。经过近一个世纪的演进,西方生态文明观主要形成了以下几种思潮:1.生态伦理观;2.生态马克思主义和生态社会主义;3.西方绿色思潮与环境主义;4.普世伦理;5.政治生态学和绿色政治思潮;6.生态文明悲观论和乐观论;等等。

当今时代,随着人类总人口的增加、地球上各类资源的日趋紧张以及生态危机的加剧,西方各国对生态文化(相关学科、理论)的研究也越来越重视,研究成果层出不穷。目前国内生态文化研究机构,主要设置于高等院校和政府承认的群众团体、组织,尚处于发展阶段,课题层次、研究水平有待提高,研究领域也不统一,难以形成领军团队。就所见成果而言,介绍、引进西方理论的多,具有创新和真知灼见的理论少;重复、引申的多,具有特色和较大影响的少;纯理论研究的多,为政府提供决策参考的少。

生态文化研究方兴未艾,近数年渐成"显学",生态文化研究机构纷纷建立,生态文化日益走近普通民众,受到人们的关注与重视,时代呼唤能够满足社会需要的生态文化研究成果。然而迄今为止,国内尚未出现一本任何形式的《生态文化辞典》,一定程度上致使生态文化概念模糊,内涵混淆。这一点无论是从学术研究的角度,还是从大众传播的角度来看都是很滞后的,不利于生态文化的建设与发展。有鉴于此,我们不揣浅陋,勇敢承担起编纂第一本《生态文化辞典》的任务。

我们寄希望于这是一次有益的"呈现"。

编　者
2012 年 7 月

目 录

凡　例 ……………………… 001~002
词目表 ……………………… 001~006
代　序 ……………………… 001~014
正　文 ……………………… 001~187
后　记 ……………………… 188~190

凡 例

一、本辞典共收词目二百三十七条,内容涵盖生态文化的各主要研究领域。

二、词目名录按照汉语拼音音序依次排列,同音异调的字按声调顺序排列。首字汉语拼音相同的词目按次字汉语拼音音序排列,以此类推,使读者能清楚地看到生态文化研究的组织体系。

三、每个词目后均附有英文,个别查不到英文的词目除外。纯属中国的内容一般不再括注英文。

四、人物词目的译名按姓前名后,约定俗成,译法统一。

五、各条词目的释文,有较强综合性,一般均用要点式、递进式,即主要、从属词目的释文连续表述,所有内容集中为一段。

六、各条目的释文,以简明扼要为原则,故或长或短,篇幅上不追求一律,根据词目诠释的需要而定。

七、一词目的内容已在他词目中诠释明白者,用参见条的形式,如"动物解放"、"感性能力论"条与"辛格,彼得"条有所交叉,"动物解放"、"感性能力论"诸条已经将"辛格,彼得"的主要观点和学术成就诠释明白,则"辛格,彼得"条不再重复有关内容,而用(参"动物解放"条)释之;其他关联词目有参见必要者亦注明参见某条。

八、词目需要分项诠释时,统一使用阿拉伯数字(如1.2.…)标注。

九、释文中涉及年代(纪年)、地理名词时,前者仅标注"公元前……",公元后字样不再出现;后者采用普遍接受的标注方法和通行的译名。

十、本辞典属编纂性质,故释文中有所引用者一律不再注明出处。

词目表

A
- 001　阿什德, 大卫
- 002　阿拉善 SEE 生态协会

B
- 003　边沁, 杰罗米
- 004　布伦特兰, 格罗·哈莱姆

C
- 005　草原生态系统
- 005　程朱学派
- 006　冲突

D
- 007　达尔文, 查尔斯·罗伯特
- 007　达尔文主义
- 008　大地伦理学
- 009　大气污染
- 009　代际公平
- 010　代内公平
- 011　道德品质
- 011　道法自然
- 012　道教
- 013　道义学
- 014　德
- 015　德性
- 017　地球村
- 018　地球文明
- 018　动物解放
- 019　多布森, 安德鲁
- 019　《多少算够》

E
- 021　厄尔尼诺现象
- 021　恶

F
- 024　反馈环
- 024　非人类中心主义
- 026　非生物环境
- 026　分解者
- 026　佛教
- 027　福斯特, 约翰·贝拉米
- 028　富营养化

G
- 029　盖亚假说
- 029　感性能力论

030	工具价值	046	荒野
030	工业革命	047	荒野保护协会
030	功利主义		**J**
032	国际环境法	048	《寂静的春天》
032	国际公园运动	049	价值
	H	050	价值观
034	哈丁,加勒特	050	进化的伦理学
034	海克尔,恩斯特·亨利	051	进化论
035	海洋生态系统	051	《京都议定书》
036	和谐	052	经济伦理
036	赫奇·赫奇争论	053	精准农业
037	赫胥黎,托马斯	053	竞争排斥原理
038	环境	053	敬畏生命
038	环境保护主义		**K**
039	环境科学	056	卡逊,蕾切尔·路易斯
039	环境伦理	057	康德,伊曼努尔
041	《环境伦理学:环境哲学导论》	059	科尔曼,丹尼尔
041	环境敏感度	060	可持续发展
042	环境敏感度指标	061	孔德,奥古斯特
042	环境系统	062	孔子
043	环境友好型社会	063	快乐主义
044	环境整体主义		**L**
046	荒漠	064	拉马克主义
046	荒漠生态系统	064	老子
		065	利奥波德,奥尔多

066	利己主义		**N**
067	利他主义	081	奈斯,阿恩
067	利益	082	耐受性定律
068	梁从诫	082	内在价值
068	刘思华	083	能量流动
069	6·30生态日	083	农田生态系统
070	陆地生态系统		**Q**
070	陆九渊	085	切卜卡运动
071	绿党	086	全球变化
072	绿色和平组织	086	全球绿色新政
072	绿色旅游	087	犬儒主义
072	绿色政治		**R**
074	罗尔斯顿,霍尔姆斯	088	人的权利
074	罗马俱乐部	089	人口承载力
	M	090	人口老龄化
076	《马丁法令》	090	人类中心主义
076	马尔萨斯,托马斯·罗伯特	091	仁
077	马尔萨斯灾难	095	仁者以天地万物为一体
077	麦克卢汉,马歇尔	096	儒家
078	孟子		**S**
078	米勒实验	097	森林生态系统
079	描述性伦理学	097	《沙乡年鉴》
079	民胞物与	098	善
		099	社会达尔文主义
		099	社会生态学

101	社会正义	121	《生态危机与资本主义》
101	深生态学	122	生态位
103	生产者	123	生态文化
103	生活方式	125	生态文明
104	生命目的论	126	生态文学
104	生命起源假说	127	生态系统
106	生命主体论	127	生态学
106	生态	129	生态学主义
107	生态城市	129	生态因子
108	生态赤字	129	生态盈余
108	生态幅	130	生态优先
109	生态经济学	130	生态阈限
109	生态伦理	131	生态哲学
109	生态旅游	131	生态政治
110	生态美学	132	生态智慧
110	生态模型	132	生态中心平等主义
112	生态农业	133	生态主义
112	生态女性主义	134	生态主义运动
115	生态批评	135	生态足迹
116	生态平衡	136	生物多样性
117	生态人	136	生物进化
118	生态人类学	136	生物圈
119	生态社会主义	137	生物群落
121	生态失调	137	生物种
121	生态危机	137	湿地生态系统

138	食物链		**X**
138	史怀泽,阿尔贝特	159	系统
139	世界环境与发展委员会	159	消费者
139	受益者	159	消费主义
139	水生生态系统	160	心理分析女性主义
140	《斯德哥尔摩宣言》	160	辛格,彼得
144	斯多葛主义	161	新达尔文主义
145	酸雨	162	幸福观
	T	162	徐更生
146	碳汇	163	荀子
146	天人合一	164	循环经济
148	天演论		**Y**
	W	165	亚里士多德
150	外来生物入侵	166	义务
150	王守仁	168	营养级
151	维度	168	应用伦理学
152	温室气体	169	应用生态学
152	温室效应	169	优生学
153	文化	170	余谋昌
155	文化创意产业		**Z**
155	文化生态	171	《增长的极限》
156	《我们共同的未来》	171	张载
157	物种	172	《哲学走向荒野》
157	《物种起源》	173	浙江省生态文化协会

173	浙江省生态文化研究中心	181	庄子
174	整体主义价值论	181	自律的伦理学
174	政治文明	182	《自然的经济体系——生态思想史》
176	制度文明	182	自然法则
177	致良知	183	自然生态系统
178	中国环境与发展国际合作委员会	184	自然之友
179	中国生态文化协会	185	自然资本
179	中国生态文明研究与促进会	185	自我实现伦理学
179	种群	186	自治
180	朱熹	186	自组织系统
		186	《尊重自然：一种环境伦理学理论》

生态文化：21世纪人类新文化
——代序*

　　21世纪是世界历史的大变革的时代。它面临许多重大抉择。选择一种新的生存方式，建设新文化——生态文化，这是人类最重要的抉择。生态文化，作为人类新的生存方式，是人与自然和谐发展的文化，是人类文化发展的新阶段。它包括人类文化的制度层次、物质层次和精神层次的一系列变化。建设生态文化，是实施可持续发展战略、建设人与自然和谐社会的选择。

　　生态文化，从狭义理解，是以生态价值观为指导的社会意识形态、人类精神和社会制度。如生态政治学、生态哲学、生态伦理学、生态经济学、生态法学、生态文艺学、生态美学等社会意识形态，以及人民民主的社会制度。从广义理解，生态文化是人类新的生存方式，即人与自然和谐发展的生存方式。

　　这一定义是从与传统文化比较提出的。工业革命以来的文化，是以人类中心主义为指导的社会意识形态、人类精神和社会制度，

---

* 此文系余谋昌先生2010年8月编入其《生态文明论》（中央编译出版社）中的一篇文字，征得余先生同意，以为序。——编者

是人统治和主宰自然的生存方式。生态文化是从人统治自然的文化，过渡到人与自然和谐发展的文化。人类创造文化，以文化的方式生存，运用文化的力量发展自己。在这里，人类在自然价值的基础上创造文化价值，自然界支持人类文化的发展。但是，300年来，依据人类中心主义的价值观，人们认为只是人有价值，人是自然的主人、主宰者和统治者；自然界没有价值，它只是人改造的对象与利用的工具，只有受人改造的份儿。

依据这样的价值观，传统文化具有"反自然"的性质。人类的文化创造，对自然界采取了两个主要行动：一是把大自然作为索取资源的仓库，向自然界索取越来越多的自然资源；二是把大自然作为排放废弃物的垃圾场，向自然界倾倒数量越来越多、性质越来越复杂的废弃物。这被认为是理所当然的。但它是以损害自然价值的方式实现文化价值，造成以环境污染、生态破坏与资源短缺为表现的自然价值的严重透支，出现严重的生态危机。这是传统文化发展的后果，是人类文化的消极和落后方面的表现。

20世纪，科学技术取得一系列突破性的重大成就，世界实现工业化和现代化，现代文化已经达到它的最高成就；同时，它伴随的问题，例如在社会关系方面，贫富差距扩大矛盾尖锐化，人口老龄化，以及军备竞赛、腐败、恐怖主义等世界公害；生态关系方面，资源全面短缺，环境污染和生态破坏等，这些以全球性问题形式表现为人类生存的重重危机。这些问题与挑战导致一个大变革时代的到来。变革就会有选择。我们认为，生态文化是21世纪人类克服生存危机的新的文化选择。

人类历史上已经经历两次重大的文化革命：一万年前，农业产生，以农业文明代替渔猎文化，这是人类第一次文化革命；300年前，工业革命，以工业文明代替农业文明，这是人类第二次文化革命。21世纪，以生态文明代替工业文明，这是人类新的第三次文化革命。人类最早的文化是自然文化。那时的人类生活，既是自然而然的，又是与自然融为一体的，人的生活同动物一样服从生态规律，完全受自然条件的制约，具有一种"自然性"。古代社会的文化是人文文化。它的重要特点是重视人伦和人事，人文科学已经达到非常高的成就，自然科学仍以经验的形式存在和发展，古代光辉灿烂的农业文明主要是人文文化的成果。中国人文文化达到当时世界最高成就。

现代社会的文化是科学文化。工业文明以科学技术进步为核心。科学技术发展对社会的影响，不仅表现在经济方面，使人类生活现代化，而且表现在政治和其他文化方面。它推动社会的全面进步。人类文化已经经历自然文化—人文文化—科学文化这三个阶段，现在将向新的阶段——生态文化的方向发展。

生态文化作为一种新的文化选择，它表现在文化的三个主要层次上。

一、生态文化的制度层次的选择

生态文化，通过社会关系和社会体制变革，改革和完善社会制度和规范，按照公正和平等的原则，建立新的人类社会共同体，以及人与生物和自然界伙伴共同体。这种选择，要求改变工业文明社会不具有公平调节社会利益、不具有自觉的环境保护机制，而具有自发的两极分化机制、自发地破坏环境的机制的社会性质。生态文化的社会制度要求，实施公正和平等的原则制度化，环境保护和生态保护制度化，使社会具有自觉的保护所有公民利益的机制，具有自觉的保护环境和生态的机制,实现社会全面进步。

二、生态文化的精神层次的选择

生态文化,确立生命和自然界有价值的观点,摈弃传统文化的"反自然"的性质,抛弃人统治自然的思想,走出人类中心主义;建设"尊重自然"的文化,按照"人与自然和谐"的价值观,实践精神领域的一系列转变。

科学转变。现代科学技术的发展,以科学与道德、事实与价值分离为原则,脱离正确价值观的指导,它的成果及其应用,可能成为极少数人的工具,只对少数人有利,损害大多数人的利益,损害地球生物多样性和生物圈的整体性。例如,它用于制造和生产高科技的大规模毁灭性武器;它用于制造只为少数人赚钱而对多数人无益的工具;它用于制造和生产高科技的破坏生态系统和严重污染环境的生产技术和工艺;等等。例如,原子核技术的伟大成就;又如,DTT、CFC和其他化学化合物的发明和应用,等等。虽然它带来重要福利,但也带来严重不良的社会后果和生态后果。为了减少或避免科学技术的负面影响,需要把价值概念引入科学研究和实践,发明和制造既有利于大多数人的利益,又有利于自然保护的科学技术。对科学技术成果的评价,包括大学和研究生毕业论文和毕业设计的评价,既要有社会和经济目标,又要有环境和生态目标,使科学技术向有利于"人—社会—自然"复合生态系统健全的方向发展,为人类可持续发展提供指导思想、适用技术和具体途径,有利于经济持续性、生态持续性和社会持续性,即实现科学技术发展"生态化"。

经济学转变。现代经济学只有经济增长一个目标。它否认自然价值,以损害环境和资源为代价发展经济。这种经济发展,不仅损害环境质量,并且消耗的自然资源都不计入成本,环境污染和生态破坏带来严重的经济损失,为治理环境污染和生态破坏又需巨大的经济投入。这样,经济增长导致资源和环境的损害,自然价值严重透支,这些既不在 GDP 账上出现,又不对这种透支进行足够的补偿。因而,这是一种严重负债的经济,是一种虚假增长的经济。这种经济是不可能持久的。它已经不适合时代的要求,时代需要新的经济学。新的经济学,需要确立"自然价值"概念,并把它作为关键词,不仅进行自然价值计算,而且把它作为像"劳动价值"一样的核心概念,重新建构经济学理论、概念和框架,重新建构国民经济体系的理论和实践。这样,才能建设一个可持续发展的经济。

伦理学转变。现代伦理学是人与人、人与社会关系的道德研究和实践,它不涉及人与生命和自然界的关系。因为生命和自然界被认为是没有价值的,它只是人类利用的对象,人无需对生命和自然界承担责任。但是,现实世界有两种最重要的关系:人与人之间的社会关系;人与自然之间的生态关系。这两种关系是密切相关、不可分割的,都是需要有伦理调节才会健全的。但是,现代伦理学只适用于调节前者,而不能调节后者。因而,在 20 世纪中叶,因人与自然关系严重失调而暴发的大规模的环境保护运动,产生了生态伦理学。生态伦理学是关于人们对待地球上的动物、植物、微生物、生态系统和自然界的其他事物的行为的道德研究。它的主要特点是,把道德对象的范围从人与人的关系领域,扩展到人与自然的关系领域,从而改变两个决定性的规范:(1)伦理学正当行为的概念应当扩大到包括对自然界本身的关心,尊重所有生命和自然界;(2)道德权利概念应当扩大到自然界的实体和过程,确认它们在一种自然状态中持续存在的权利。这不仅是人的道德对象的扩大,从而人的道德活动范围的扩大,而且是人的道德规范、道德标准、道德境界和道德目标的变化。

生态伦理学的理论基础是关于自然价值的理论。它认为,生命和自然界是有价值的,包括它的外在价值和内在价值。外在价值是,在文化的层次,它对人具有商品性和非商品性价值,即作为人的工具和资源为人利用的价值;内在价值是,在自然的层次,生命和自然界在地球上追求自己的生存,这是它的目的,这种生存是合理的有意义的,是"善"。自然价值是它的内在价值和外在价值的统一。正是由于生命和自然界是有价值的,因而它是有生存权利的,人类对它的生存是负有责任的。从对生命和自然界价值的确认,到人类的新的责任的确认,一种新的伦理学产生,这是人类道德境界的提升,是人类道德进步和道德成熟的表现。这是人类新生活的需要。

哲学转变。300多年来,笛卡尔—牛顿哲学作为人类认识的伟大成就,成为世界占主导地位的哲学思想,指导人类实现工业化和现代化。但是,它是以机械论和二元论为特征,过分强调分析方法和主—客二分的哲学。在它的主—客二分理论模式中,强调人与自然、事实与价值、科学与道德、科学精神与人文精神的分离和对立;在这种对立中,人成为自然的主宰者,自然界只是人利用的对象,并在强调人的主宰地位,发扬人的主体性的同时,发展了人类中心主义(主要是工业社会的个人主义)价值观,表现出严重的局限性。在这种价值观的指导下,人在向自然进攻、改造自然的同时,发展了经济主义—消费主义—享乐主义,实行一种实际上"反自然"的社会—经济—消费生活;同时,在这种价值观指导下,发展了科学主义的思想,并从而发展了损害自然环境的科学技术和生产工艺。它以生命和自然不可持续发展为代价实现人的持续发展,造成环境污染和生态破坏,损害生命和自然的多样性;同时,以多数人不可持续发展为代价实现少数人的持续发展,导致社会两极分化和不公正,并损害后代发展的可能性。这样导致人类社会以及整个"人—自然"系统的生存危机,使"人—社会—自然"系统陷入困境之中。这是由笛卡尔—牛顿哲学指导的结果,是由它的性质决定的。

现在需要一种哲学转变。生态哲学可能是这种转变的需要。生态哲学是一种新的实在观。它不是以物质或自然界为本体,也不是以人为本体,而是以"人—社会—自然"复合生态系统为本体。这是一个有机自然整体。生态哲学的存在论,是关系实在论和过程实在论。它认为世界各种事物不是孤立的,而是相互联系、相互作用和相互依赖的。它重视研究一切事物和其他事物的关系,因为离开对事物关系的分析,我们不能全面认识事物。它作为过程实在论,认为一切事物和现象是运动和变化的。在这里,结构不再是最基本的东西,结构是基本过程的一种表现形式,过程是更基本的。过程和结构又是相互联系的。

生态哲学是有机整体论。它认为整体比部分更重要。在笛卡尔哲学中,整体的动力学来自于部分的性质,部分决定整体,部分是首要的。生态哲学认为,部分的性质由整体的动力学决定,整体是首要的,部分是次要的;部分依赖于整体,它只是在整体中才获得存在,离开整体就失去其意义。事物作为整体,它是自然创造性的综合过程,作为创造成果的整体,又不是静态的,而是动态的和进化的。生态世界观,承认分析的意义,但不迷恋分析。它不强调首要、次要之分,不强调以什么为中心。因为它认为,事物的相互联系和相互作用,比它们之间相互区别更重要,所有因素都相互关联,是互补的。我们要超越"以粮为纲"、"以钢为纲"等做法。现代哲学认为,只有人具有价值,生命和自然界没有价值。生态哲学认为,生命和自然界对人是有价值的,包括它的商品性价值(经济价值)和非商品性价值(生态价值,审美、消遣和旅游价值,医药和医疗价值,文化、哲学、道德和宗教价值等等)。这是它的外在价值。而且,创造了人和世界万物的自然界,它本身就是"善",它的生存本身就是它的价值。这是它的内在价值。自然价值是它的内在价值和外在价值的统一。因而,生态哲学提出了区别于现代哲学的生态本体论、生态认识论、生态学方法论和生态价值论。它作为一种新的世界观和价值观,是一种"哲学转向"。它为可持续发展提供一种哲学解释,为实施可持续发展战略提供理论支持和哲学基础。

此外,生态法学、生态文艺学、生态美学等领域的转变,也是生态文化精神领域的需要。

三、生态文化的物质层次的选择

生态文化,摒弃掠夺自然的生产方式和生活方式,学习自然界的智慧,创造新的技术形式和能源形式,采用生态技术和生态工艺,进行无废料生产,既实现文化价值,为社会提供足够多的产品,又保护自然价值,实现人与自然"双赢"。以往的生产方式和生活方式,以大量生产、大量消费、大量废弃为特征。这是一种浪费型生产方式,具有资源高消耗、产品低产出、环境高污染的性质。它的模式是"原料—产品—废料"。它的技术路线是线性的非循环的,以排放大量废料为特征。据有关资料,社会物质生产从自然界取得的物质中,被利用转化为产品的仅占3%~4%,其余96%以有毒物质或废物的形式重新被抛回自然界;在社会生活中,工业发达国家每人每年消耗大约30吨物质,其中仅1%~1.5%变为消费品,剩下的则以对自然环境有害的废物排放。这种生产方式和生活方式的性质导致自然价值严重透支。

世界自然保护基金会《2002年生命地球报告》指出，人类对自然资源的消耗已经大大超出地球的再生能力，用"生态足迹"（指地球上人类用于生产和生活，如农业、放牧、木材生产、海洋渔业、基础建设用地和吸收温室气体等必须的区域的面积）表示，地球上除冰川覆盖的地面、沙漠和公海等不可用的区域，有110亿公顷可用土地，按世界60亿人口计算，人均只有1.9公顷；但是，1999年，人均生态足迹已经达到2.3公顷，已经超出地球再生能力的20%。如果这种趋势继续下去，50年内，人类生态足迹，或可开采的再生资源总量的需要将相当于两个地球。显然，这是无法达到的，是不可维持的。

社会物质生产和人类生活造成地球自然价值的透支。1997年5月14日路透社以《研究发现，我们每年欠地球33万亿美元》为题报道说，美国国立生态分析和综合研究中心，一个由生态学家和经济学家组成的研究小组，估算了地球的生态价值，包括空气、海洋、河流和岩石的价值，例如，森林为人类提供新鲜空气每年每公顷价值141美元，气候、气流、水、土壤形成与营养物质循环，以及垃圾处理、生物控制、粮食生产、原材料、消遣与文化娱乐等，每年每公顷价值969美元。这个研究小组在英国《自然》杂志发表文章说："就整个生物圈来说，每年它向人类提供物质的价值估计在16万亿至54万亿美元之间，平均每年为33万亿美元，这肯定是个最低估计。这些物质大多数是市场上买不到的。"33万亿美元，这是一个什么数字？全世界一年的国民生产总值约为30万亿美元（2002年）。也就是说，地球生态价值对全球经济的贡献，相当于一年全球经济生产的总产值。上述研究小组的文章说："如果没有生态学生命保障系统的贡献,地球的经济就将停滞。因此,在某种意义上,地球对经济贡献的总价值是无限的。"

但是,现在的世界经济没有考虑地球生态价值的支出,没有准备为使用自然价值付款。正如上述文章说:"如果真正按照生态系统对全球经济贡献的价值而付出代价,那么全球价格体制将与现行的体制迥然不同。随着自然资本和生态贡献在将来越来越受重视和变得更加'匮乏',我们估计其价值只会不断增加。不过,即便是我们能够进行的最初的粗略估计也是个有益的起点。这一估计结果突出了生态贡献的相对重要性,以及继续挥霍对我们未来幸福的潜在影响。"自然价值参与世界经济过程,对经济增长作出重大贡献。但是,世界经济增长以巨大的自然价值的损失为代价,而自然价值作为生产成本,它的消耗并没有在国民经济统计表上出现,没有作为价值来计算过。这样,现实的世界经济,长期以自然价值严重透支的形式运行,结果造成一种长期负债的经济,而且这种负债又不出现在经济统计中,因而又是一种扭曲的经济。美国学者布朗认为,这种经济的模式是"以化石燃料为基础,以汽车为中心,用后即弃型经济"。这种经济是不可能持久的。

生态经济,需要在确认自然价值的基础上,创造、应用和发展新的技术和工艺,即生态技术和生态工艺,建设一种新型的工业——生态工业。所谓生态工艺,是对生物圈物质运动过程的功能模拟,应用生态学中物种共生和物质循环再生的原理,系统工程的优化方法,以及现代科学技术成就,设计生产过程中物质和能量多层次分级利用的产业技术系统。在这样的生产过程中,输入生产系统的物质,在第一次使用生产第一种产品后,它的剩余物是第二次使用生产第二种产品的原料;如果仍有剩余物是生产第三种产品的原料,直到全部用完或循环使用；最后不可避免的剩余物，以对生物和环境无害的形式排放。生态工艺应用于社会物质生产，通过物质和能量多层次分级利用或循环使用，把投入生产过程的物质和能量尽可能多地转化为产品，实现废物最少化。它同传统工艺之高消耗、低效益、高污染的生产相比较，是原料低消耗、产品高效益、环境低污染的生产。

这种经济的模式是"原料—产品—剩余物—产品……"它的出发点是自然资源是有价值的，是多价值的，物质生产是资源多价值的开发利用。它的技术组织原则是，非线性的和循环的，支持循环经济，实现"人—社会—自然"复合生态系统的可持续发展。

四、生态文化是可持续发展的选择

人以文化的方式生存。"每一代人都以自己认为理所当然的事情为特征。"传统文化发展中，有许多被认为是理所当然的事，如价值观方面，"生命和自然界没有价值"；经济生活中，"大量生产，大量消费，大量废弃"；科学生活中，"为科学而科学，科学是价值中立的"；伦理生活中，"增加或消费更多的物质财富就是幸福"；美学生活中，"充分享受丰富的物质即为美"；等等，所有这些都被认为是理所当然的事。但是，这种以否认自然价值为特征的文化，造成自然价值的严重透支，导致以生态危机为表现的文化危机，出现人类不可持续发展的严峻形势。这表明，上述事情并不是"理所当然"的。它促使人类新的文化选择，选择一种可持续发展的文化。可持续发展的基本目标是：社会发展要实现三个相互联系、不可分割的持续性：一是生态可持续性；二是经济可持续性；三是社会可持续性。这也是可持续发展的三个基本原则。实施这三个基本原则，要求正确处理两类根本性矛盾：一是人与自然之间生态关系的矛盾；二是人与人之间社会关系的矛盾。处理这两类矛盾的关键是承认自然价值，因为它的根本问题是"公平"，即公平地分配自然价值。这是生态文化的基本问题，也是生态文化的基本目标。

生态可持续性原则。生态可持续性，要求正确处理人与自然的矛盾，实现人与自然关系的协调。这是协调原则。生态可持续性作为一种目标，即达到生物圈可持续性，或环境的整体性，维护地球基本生态过程，保护生物多样性，维护地球支持生命的能力。这是社会经济可持续发展的自然基础。但是，经济发展如果过量消耗自然资源，过量排放废弃物，就可能损害可再生资源的持续性和环境的整体性。这里表现的是自然价值分配上的不公正，包括对后代不公正，对后代满足其需要的能力构成危害；对生命和自然界不公正，损害生物多样性、损害自然再生能力、损害环境自净能力，即损害环境的整体性。为了实施生态可持续性原则，要求我们确立自然价值观，以正确的价值观为指导，科学地开发自然资源，节约和综合使用资源，对自然资源的消耗不超过它的再生能力，废弃物的排放不超过自然净化能力，在每一次重大开发后，及时对资源和环境的消耗进行补偿，以使经济发展保持在生态容许的限度内，保护经济进一步发展的潜力和基础，保护生命和自然界的持续性和整体性。

经济可持续性原则。发展经济是实施可持续发展战略的核心，是第一要务。特别是发展中国家，必须强调发展的必要性，所谓发展是硬道理，因为只有通过发展，才能满足人类的需要，保证生活水平的提高，推动社会全面进步；而且，解决人口、环境和资源问题，也需要发展带来的经济实力和科学技术能力。但是，健康的发展，要求正确处理当前与长远、人与自然的关系，要从长远的观点和整体性的观点来看待发展,既要满足当代人的需要,又不对后代人满足其需要的能力构成危害,不对生命和自然界的健全构成危害。经济发展是在自然价值的基础上创造文化价值。它不能在过度损害自然价值的条件下实现,而需要以自然价值保护为前提。只有这样的发展,才能既实现现代人的利益,又为后代的发展打下基础,为生态安全打下基础。这样才是公正的。

社会可持续性原则。这是公平的原则,主要是文化价值和自然价值的公平分配。它是实施可持续发展战略的前提。因为只有"公平",才可能有社会稳定、经济稳定、生态稳定。商品经济自由发展,如果没有道德约束,可能滋生不公正,损害社会—经济—生态的稳定性。这既涉及人与人之间社会关系的矛盾,又涉及人与自然之间的生态矛盾。实施公正原则,包括:1. 当代人之间的公平,减少或消除贫富差距,建立公正平等的政治、经济秩序,维护社会稳定。2. 代际公平,即当代人与后代之间的公平。这里要注意的是,后代不能参与现在的决策,这就要求决策者必须要顾及后代的利益。3. 地区之间、国家之间的公平。现在,发达地区与欠发达地区、发达国家与发展中国家之间的差距越来越大,矛盾越来越尖锐,这不仅严重威胁社会和经济的稳定,而且严重威胁生态稳定。实施公正原则,需要发达国家和发达地区向发展中国家和欠发达地区作出利益倾斜。4. 人、生命和自然界之间的公平。人类的发展不能以损害生命和自然界为代价。现在经济发展以牺牲自然和环境为代价是普遍和经常的。这既不公平,又不能持久,是必须作出调整的。

实施公正的原则,在自然价值的分配上,要求既兼顾当代人之间的利益、当代人和后代的利益,又兼顾人与自然的利益,既保障社会安全,又保障生态安全。这又是可持续发展的根本性伦理原则。

文化发展的特点是与时俱进。建设生态文化,实施可持续发展战略,是 21 世纪人类新的文化选择。这是人类发展的绿色道路,即人道主义、自然主义、共产主义统一的道路。一百多年前,马克思提出人类共产主义的伟大理想,他说:"这种共产主义,作为完成了的自然主义,等于人道主义,而作为完成了的人道主义,等于自然主义,它是人和自然之间,人和人之间矛盾的真正解决,是存在和本质,对象化和自我确证,自由和必然,个体和类之间的斗争的真正解决。"这就是"自然主义—人道主义—共产主义"三位一体的原则。这是建设生态文明的原则,是我们走向未来的"绿色道路"。

A

阿什德,大卫(David Altheide)

美国亚利桑那州立大学司法研究学院教授,国际知名的媒介研究权威,曾于1995—1996年担任美国符号互动研究会主席。阿什德把社会学、大众传播学、犯罪学等结合在一起研究媒介的文化、实践和社会组织结构,意在指出在媒介的现实运作中,为什么和平与非暴力的事件不能得到媒介的充分报道。媒介逻辑和媒介范式是决定媒介报道的主要因素,而娱乐价值和收视率、发行量是驱动因素。阿什德有一系列著作是围绕这个主题展开的,有《制造真实:电视新闻是如何歪曲事件的》(*Creating Reality:How TV News Distorts Events*,1976)、《媒介逻辑》(*Media Logic*,1979)、《媒介权力》(*Media Power*,1985)、《官僚式宣传》(*Bureaucratic Propaganda*,1980)和《传播生态学:控制的文化范式》(*An Ecology of Communication:Cultural Formats of Control*,1995)等。其中,《传播生态学》一书立足于信息技术和传播对社会活动的渗透与控制,关注媒介对受众观念、行为,包括工作和生活的影响,关注媒介及其信息是如何被维持、认识以及如何受到挑战的,充分体现了其媒介生态学的观点。在阿什德看来,在信息技术和大众媒介全面渗透进社会生活每一个角落的时代,人类的所有行为几乎都已经被信息技术和大众媒介控制和左右,它不仅决定我们的所见所闻、所思所想,而且决定我们的所作所为。传播生态(ecology of communication)作为一种以媒介控制为核心的系统,其传播形态已经远远超出它作为大众媒介的范围,并且同宗教、文化、政治、法律、商业、民间组织、战争、恐怖主义等等产生频繁的符号互动,甚至连社会权力生活和组织生活中常见的一些仪式、惯例与观念等也发生了与时俱进的变化。阿什德至今还活跃在学术舞台上,他在《传播生态学》中体现出的生态学思想具有我们这个时代的特色,他所展现的媒介控制渗透的图景如同现代生物科技中物种基因改变、移植一般无孔不入,他所描述的"媒介传播之实质"的确给人以强烈震撼。

阿拉善 SEE 生态协会(Society of Entrepreneurs & Ecology,SEE)

阿拉善 SEE 生态协会成立于 2004 年 6 月 5 日,是由中国近百名知名企业家发起成立的以社会(Society)责任为己任,以企业家(Entrepreneur)为主体,以保护地球生态(Ecology)为实践目标的民间非赢利环境保护组织。SEE 以推动人与自然的可持续发展为愿景,遵循生态效益、经济效益和社会效益三者统一的价值观。宗旨是改善和恢复中国内蒙古阿拉善地区生态环境,从而减缓或遏制沙尘暴的发生,与此同时,推动中国企业家承担更多生态责任与社会责任。使命是围绕阿拉善地区沙尘暴治理,支持当地有助于环境保护和生态恢复的各种项目。在取得一定成功的基础上,在更大范围内推广 SEE 的公益模式。2008 年 12 月 23 日,阿拉善 SEE 生态协会发起成立 SEE 基金会,致力于支持中国民间环保组织及其行业发展,从而可持续地促进解决本土环境问题。自成立以来,SEE 基金会通过"项目资助"、"机构资助"、"绿色领导力伙伴计划"、"青国青城大学生环境行动计划"、"SEE·TNC 生态奖"等形式,资助环保项目和环保组织的发展,为民间环保组织的青年领导者提供综合能力建设;在 200 多所高校进行环保宣传,资助了百余个青年团队的环保行动。

B

边沁,杰罗米(Jeremy Bentham,1748—1832) 英国道德和法理学家,功利主义伦理学的代表。他批判了道德的情感理论和自然权利的理论。在其著作《道德和法律基础概论》《道义学,或论道德的科学》中,论证了道德的泉源与根据的经验性质,他像快乐主义者一样认为道德就是追求快乐。作为一切带来快乐的行为的特征的那个共同的东西,从边沁的观点看来,就是它们的利益。利益是行为的唯一目的和标准,人类幸福的基础。边沁把社会看成个人的总和,也把社会利益看做个人利益的总和。由此得出道德生活的目的是"最大多数人的最大幸福"。按照边沁的意见,幸福可以通过正确的筹算而得到(《道德算术》)。边沁抱着这一目的编制了一个"快乐痛苦的等级表",按照类和种对快乐进行分类(马克思因此称他为19世纪资产阶级平庸理智的这个枯燥无味的、迂腐不堪的、夸夸其谈的先知)。功利主义主张"最大化总体之完善"或提供"最大多数最多的善",其理论基于两个基本点:对"善"的解释和用此观点判断行为和决策的准则,对任何具体的行为要看其后果,用这后果来判断此行为的伦理状况。如果此行为使好的结果最大化,那么它就是伦理学上正确的行为,否则就是错误的。相应地,功利主义区分两类基本价值:由其目的来判断的"善"和由其与善的关系来评价的"善"。这样,所有的行为或决策由其"功利"或产生的"善"的后果的有用性来判断。功利主义者论证一些内在价值的观点(如喜悦和幸福),然后根据非善事物和行为作为工具达到价值最

大化的程度来评价非善。功利主义尤其在经济学、公共政策和政府立法等方面颇有影响力。(参"**功利主义**"条)

布伦特兰,格罗·哈莱姆(Gro Harlem Brundtland,1939—)
挪威政治家、外交家、物理学家,首位女性首相及世界卫生组织总干事。1983年12月,联合国秘书长提名布伦特兰夫人为联合国环境和发展委员会主席,负责处理全球的环境问题。在她的领导下,联合国环发委员会于1987年4月向联大递交了一份题为《我们共同的未来》(Our Common Future)的工作报告。在报告中,布伦特兰为"可持续发展"下了一个定义:"可持续发展是既满足当代人的需求,又不对后代人满足其需求的能力构成危害的发展。"该报告还提出了解决全球环境问题的一些根本性指导方针和原则。例如:环境和发展问题涉及世界各国后代人的利益,要有一个长远规划;人口、资源、环境和发展,不可分割,需综合考虑;不同的政治制度、发展阶段、文化背景和宗教信仰的国家,尤其是发达国家与发展中国家须进行广泛合作,等等。1998年5月,布伦特兰夫人在世界卫生组织180个成员中获得166票,以绝对多数当选为该组织总干事,并任职至今。她在就职讲话中提出,把大力消除贫困,救治疟疾患者,反对烟草工业对人体造成的危害作为今后工作重点。1995年1月4日,布伦特兰夫人提出"亚洲构想"。她指出:"亚洲惊人的经济增长以及伴生的新的政治向往,使亚洲在欧洲乃至全世界人民心目中变得日益重要。"她肯定了亚洲在联合国事务、维护世界和平以及解决环境、人口等问题上具有不可取代的重要作用。她提出挪威的"亚洲构想"包括三个组成部分:与亚洲国家加强政治磋商,发展经贸合作和促进文化交流。(参"**可持续发展**"、"**《我们共同的未来》**"条)

草原生态系统(grassland ecosystem)

草原地区生物(植物、动物、微生物)和草原地区非生物环境构成的,进行物质循环与能量交换的基本机能单位。草原生态系统在其结构、功能等方面与森林生态系统、农田生态系统具有完全不同的特点,它不仅是重要的畜牧业生产基地,而且是重要的生态屏障。

程朱学派

即北宋程颢、程颐和南宋朱熹为代表的理学学派,也称"程朱理学"。此派发端于北宋周敦颐,他融合道学、佛学、儒学思想,初步建立了一套综合探讨宇宙本原、万物生成、人性、封建伦常等问题的理论体系,提出"无极而太极"、"性"、"命"、"理"等范畴。其弟子程颢、程颐是这一学派的奠基人,开始以"理"作为哲学的最高范畴,提出了略为系统的"理气说"、"人性论"、"格物致知说"等。其四传弟子、南宋的朱熹主要继承和发展了二程的学说,亦吸取了北宋其他理学家的某些观点,使"天理论"、"人性论"、"格物致知论"、"持敬说"等理论更加丰富和严密,完成了宋代理学集大成的历史使命。程朱学派是宋代理学的主要代表,势力最大。在发展过程中,内部又分成许多流派。此派与南宋陆九渊"心学学派"在理学基本概念、"太极"以及治学方法等问题上,观点不甚一致,有过多次争论。又分别与永嘉学派(叶适等)、永康学派(陈亮等)有过关于"王霸义利"等问题的辩论。与王安石"新学学派"观点也不一致。程朱学派学说,宋代以后得到了统治阶级的提倡,逐步取得了儒学正宗的地位,成为官方哲学,影响深远。

冲突(conflict)

个人或群体内部,个人与个人之间,个人与群体之间,群体与群体之间互不相容的目标、认识或感情,并引起对立或不一致的相互作用的任何一个状态。该定义强调了三个方面:1.冲突是普遍的现象,它可能发生于人与人之间、人与群体之间、群体内部的人与人之间、群体与群体之间,等等。2.冲突有三种类:目标性冲突,即冲突双方具有不同的目标导向时发生冲突;认识性冲突,即不同群体或个人在对待某些问题上由于认识、看法、观念之间的差异而引发的冲突;感情性冲突,即人们之间存在情绪与情感上的差异所引发的冲突。3.冲突是双方意见的对立或不一致,以及有一定程度的相互作用,它有各种各样的表现形式,如暴力、破坏、无理取闹、争吵等等。

达尔文,查尔斯·罗伯特(Charles Robert Darwin,1809—1882)

英国生物学家,进化论的奠基人。曾乘贝格尔号舰作了历时5年的环球航行,对动植物和地质结构等进行了大量的观察和采集。出版《物种起源》(On the Origin of Species)这一划时代的著作,提出了生物进化论学说,从而摧毁了各种唯心的神造论和物种不变论。除了生物学外,他的理论对人类学、心理学及哲学的发展都有不容忽视的影响。恩格斯将"进化论"列为19世纪自然科学的三大发现之一。(参**"物种起源"**条)

达尔文主义(Darwinism)

达尔文运用大量地质学、古生物学、比较解剖学、胚胎学等方面的材料,特别是他在环球航行期间以及研究家养动植物时所获得的第一手材料,令人信服地证明了现存多种多样的生物是由原始的共同祖先逐渐演化而来的,揭示了自然选择是生物进化的主要动因,从而使进化论真正成为科学。自然选择的主要内容包括变异和遗传、生存竞争和选择等。变异是选择的原材料,在生存竞争中,有利的变异将较多地保存下来,有害的变异则被淘汰。有利变异在种内经过长期积累,导致性状分歧,最后形成新种。生物就是这样通过自然选择缓慢进化的。英国生物学家 A. R. 华莱士(Alfred Russel Wallace,1823—1913)与达尔文同时提出了类似思想,并于1889年第一次把达尔文的学说称为"达尔文主义"。在达尔文时代,细胞学说刚刚建立,遗传学尚未成为科学,因而达尔文主义没有也不可能揭示生物遗传、变异的机制。此外,达尔文还过分强调了生物的缓慢进化。19世纪末叶以来,出现了把达尔文的自然选择学说与遗传学相结合的趋势,各门生物科学的新成就使达尔文主义发展到一个新的阶段。(参"新达尔文主义"条)

大地伦理学(land ethics/earth ethics)

生态伦理学的一个分支,由奥尔多·利奥波德(Aldo Leopold)于1933年首创。奥尔多·利奥波德认为,人的道德观念是按照三个层次来发展的,最早的道德观念是处理人与人,以及人与社会的关系。这两个层次的道德观是为了协调各部落之间的竞争,从而达到共生共存的目的。但随着人类对生存环境的认识,逐渐出现了第三个层次:人和土地的关系。但是,长期以来,人和土地的关系却是以经济为基础的,人们在习惯和传统上都把土地看做人的财产,只需维持一种特权而无需尽任何义务。奥尔多·利奥波德首次推出"土地共同体"这一概念,认为土地不光是土壤,它还包括气候、水、植物和动物;而土地道德则是要把人类从以土地征服者自居的角色,变成这个共同体中平等的一员和公民。它暗含着对每个成员的尊敬,也包括对这个共同体本身的尊敬,任何对土地的掠夺性行为都将带来灾难性后果。利奥波德认为,事物的内在价值是与"生命共同体"的概念密切相连的。他指出,道德是在生存竞争中对行动自由的自我限制,这一限制产生于"个体是相互作用的共同体一员"的认识。如果某一存在物属于道德共同体,那么就应该受到平等的道德尊重,就应该享有来自道德共同体和其他成员的义务。也就是说,孤立的个体本身是无所谓内在价值的,个体只有置身于一个相互作用的共同体之中,才能获得自己的道德地位。所以,所谓内在价值,只能是相互作用的生命共同体所具有的内在价值;"道德主体"或道德共同体,实际上只是这种生命共同体。由于人类和土壤、水、植物和动物等同属一个"生命共同体",共同维持着这一共同体的平衡和发展,所以,他们共同地成为道德的关怀对象。在这里,人类不再是大地的支配者,而只不过是大地这一生命共同体中普通的、平等的一员,因而,人类应当承担起对土壤、水、动植物以及生命共同体的责任和义务。在个体与生命共同体的关系上,利奥波德认为,整体的价值高于个体的价值,也就是说,生命共同体成员(包括人)的价值要服从生命共同体本身的价值,即个体的价值是相对的,只有生态系和物种这类集合体才具有最高的价值。(参**"利奥波德,奥尔多"**、**"《沙乡年鉴》"**条)

大气污染(air pollution)

按照国际标准化组织(ISO)的定义,大气污染通常是指由于人类活动或自然过程引起某些物质进入大气中,呈现出足够的浓度,达到足够的时间,并因此危害了人体的舒适、健康和福利或环境污染的现象。

代际公平(inter-generational fairness)

"代际公平"与"代内公平"是生态伦理学领域中人际伦理关系的基本概念和核心内容。"代际公平"是可持续发展原则的一个重要内容,主要是指当代人为后代人的利益保存自然资源的需求。这一理论最早由美国国际法学者爱迪·B.维丝(Edith Brown Weiss)提出。代际公平中有一个重要的"托管"的概念,认为人类每一代人都是后代人的受托人,在后代人的委托之下,当代人有责任保护地球环境并将它完好地交给后代人。代际公平由三项基本原则组成:一是"保存选择原则",就是说每一代人应该为后代人保存自然和文化资源的多样性,避免限制后代人的权利,使后代人有和前代人相似的可供选择的多样性;二是"保存质量原则",就是说每一代人都应该保证地球的质量,在交给下一代时,不比自己从前一代人手里接过来时更差,也就是说,地球没有在这一代人手里受到破坏;三是"保存接触和使用原则",即每代人应该对其成员提供平行接触和使用前代人的遗产的权利,并且为后代人保存这项接触和使用权,也就是说,对于前代人留下的东西,应该使当代人都有权来了解和受益,也应该继续保存,使下一代人也能接触到隔代遗留下来的东西。作为可持续发展原则的一个重要部分,代际公平在国际法领域已经被广泛接受,并在很多国际条约中得到了直接或间接的认可。

代内公平(intra-generational fairness)

"代内公平"也是可持续发展原则的一个重要内容,它是指同一代人,不论国籍、种族、性别、经济水平和文化差异,在要求良好生活环境和利用自然资源方面,都享有平等的权利。从历史和现状来看,代内不平等的情况非常严重。发达国家的富裕大多建立在对发展中国家自然资源的剥削和掠夺之上,并且将发展中国家视为转嫁污染的"垃圾场"。而发达国家不顾环境的快速发展也使环境问题日益严重,使环境危机危及整个人类的生存。同代人之间的平衡要求一国在开发和利用自然资源时必须考虑到别国的需求,还要求考虑各个国家如何分担环境保护责任。这种公平,不是绝对数上的公平,而是从历史、现状来分析的一种公平,那种主张一切国家不加区分地分担环境责任的公平,其实是一种真正的不公平。代内公平原则是 1992 年联合国环境与发展大会的主题之一,也被许多国际条约和文件认可。要想真正实现代内公平,必须重新调整各国利益,建立新的国际经济秩序和全球伙伴关系。这是一个充满政治、经济、社会困难的长远过程。

道德品质(moral character)

道德品质是一种道德意识概念,利用这一概念,可以在社会生活中提出人们行为最典型的特点,并且从道德的观点说明这些特点。道德品质(例如宽宏大量、诚实、背信弃义、吝啬、慷慨、自高自大、谦虚等等)既说明行为的特征而不管行为是谁完成的,又说明一定个人的那些表现其性格特征的行为的某些方面。道德品质分为良好的和不良的。道德品质的概念不包含人应当做什么行为或不应当做什么行为的具体指示,而以概括的形式说明和评价人的行为的一定方面。

道法自然

语出《老子》第 25 章:"人法地,地法天,天法道,道法自然。"这里的"自然"就是自然而然、究竟至极的意思。"道"是最高的原则,是自己如此,以自己为法,别无遵循,不受制于任何他物。"道法自然"是道家哲学的核心观点。老子以"道"表述对世界的认识:1."道"是宇宙的本源,它先于天地而存在,并产生万物。"道生一,一生二,二生三,三生万物。"它是天地万物的根据。2."道"是天地万物运行的基本规律。"道者,万物之奥也","道常无为而无不为"。

虽然它"自然无为",但没有一件事物非其所为。因而"人法地,地法天,天法道,道法自然"。人要遵循自然规律,"道法自然"即为自然之道。3."道"是人类追求的最高境界。人以"无为"的原则,"道法自然",顺乎自然;"以辅万物之自然而弗敢为"。这是最高的德行。老子说:世界万物"道生之,而德畜之;物形之,而器成之。是以万物尊道而贵德。道之尊也,德之贵也,夫莫之爵,而恒自然也,故道生之,德育之,长之,育之,亭之,毒之,养之,覆之。生而弗有,为而弗恃,长而弗宰,是谓玄德"。所以"道"生长万物,"德"繁殖万物,使万物生长、发育、结子、成熟,对万物要抚养和保护。生长万物而不据为己有,帮助万物而不自恃有功,引导万物而不宰制它们。这就是最深远的道德。此即如《周易》所称:"至哉乾元,万物资生,乃顺承天。地厚载物,德合无疆。"故"君子以厚德载物"。"道法自然","尊道贵德",这是道家自然哲学。它表述了人类要遵循自然界法则,这既是客观规律,又是人类的"至德"。

道教(Taoism)

道教为本土宗教,始于对自然的敬信、灵魂的敬信、祖先的敬信,直至在历史的河流里慢慢进化成祖先与天神合一,成为对天无上的信仰,后世各类至上神的雏形。至殷商时代,史前时期的对自然敬信已发展到信仰天帝和天命,《书·盘庚上》:"先王有服,恪谨天命。"天命实际上是指对自然的规律、法则的敬畏信仰。《荀子·天论》言:"从天而颂之,孰与制天命而用之!"这时初步形成了以天帝为中心的天神系统。在远古部落社会,政祭本是合一,国家大事便先由大巫事先卜筮以向天帝请求解疑答惑。周代鬼神崇信进一步发展,所信仰的鬼神已形成天神、人鬼、地祇三个完整的系统。并把崇拜祖宗神灵与祭祀天地并列,称为敬天法祖。东汉顺帝时,张陵于蜀郡鹤鸣山(今四川大邑县境内)创立了五斗米道,把儒家的敬天与百姓法祖总结汇集并加入其他诸子的思想而成为一个崭新的宗教,名曰道教。道者虚无之系,造化之根,神明之本,玄之又玄,无法用任何语言文字来表达。从此道教在中国以一种宗教形式进行发展传扬。具体来说,道教是一个崇拜诸多神明的多神教,有着特色鲜明的宗教形式,主要宗旨是追求得道成仙、垂法济人、无量度人,早期主要思想以《易经》以及老子的《道德经》为主要经典。道教的第一部正式经典是《太平经》,而《太平经》《周易参同契》《老子想尔注》三书是道教信仰和理论形成的标志。它不仅在中国传统文化中占有极为重要的地位,而且对近代世界也有着不可小觑的影响力。道教经书的内容包罗万象,不仅记录了道教的教理教义、教规教戒、修炼方术,还保留了中国古代哲学、文学、医药学、养生学、化学、音乐、地理等多种学科的珍贵资料,堪称中国传统文化的一个宝库。道家思想作为首先独创了朴素唯物主义本体论学说的代表,从春秋战国时代即为诸子百家思想之一,先秦时期在著名的儒墨显学里独树一帜,汉初,完全成为显学。所以,汉朝就有了具体正规的教团产生,奉老子为道德天尊。

道义学(Moral Science)

道义学是伦理学的一个分支,它考察义务问题和一般而言应当的东西,即所有以命令形式表达道德要求的东西。这一术语是边沁(Jeremy Bentham,1748—1832)首先引进来的,用它来表示整个道德伦理。但是后来人们开始把义务同价值学即关于善和恶的学说区别开来。作为社会意识特殊形式的道德意识,其特点之一是:它用一种特殊的主观形式,即用关于应当的东西的观念的形式来反映社会的客观必然性,反映人们的需求、社会的需求和历史发展的需求,以确定实际存在的东西符合这个观念到何种程度。道德意识评价生活现象就是从这些现象由于自己的道德价值而在何种程度上被证明是正确的这样一个观点出发的。从关于应当的东西的观念中形成关于应当做出什么行为的道德要求和道德观念。这些要求应用到一个人身上就表现为他的职责;这些职责以同样适用于所有人的规则这种普遍形式表现出来,就成为道德的规范和戒律。所有这些伦理范畴都是伦理学的这个特殊分支——义务论的对象。道德伦理中最重要的问题之一,就是义务论和价值学的相互关系问题,包括义务和善这两个伦理学基本范畴的相互关系问题。康德的解决办法是,他一方面承认义务的概念应当建立在善的概念的基础上(义务在于实现善),另一方面他又通过义务规定善(善在于履行义务)。

德(virtue)

"德"在各类辞书中广有解说。《大不列颠百科全书》中的解释为:"中国古代哲学术语。指人间以至宇宙间一切事物的特殊属性。""又指德行。道家认为德是道的表现形式,即是'道'的内涵本质。"这一解释是建立在中国古代"天人合一"思想理论基础上的,是中国道家式的理解,认为"天道"即"人道",所以将"德"理解为"宇宙间一切事物的特殊属性"。《哲学大辞典》对"德"作这样的表述:"中国哲学史和中国伦理思想史用语。1.指道德,品质……2.指事物从道所得的特殊规律或特性。"《中国大百科全书》中基本上立足于道家哲学来解释"德"的概念,"道教义理中凡学道、求道而得道的,是谓有德","凡是符合道的准则,即可视为有德性","有德之身为道的显体",因此,道教特别注重道士的个人德性品行的修行。但"天道"最终落实在"人道"。

德性(aretê/virtue)

"德性"概念在西方哲学和伦理学中被普遍关注,也产生了许多具有广泛影响的重大理论。这里仅就其中述及的对德性概念的认识作一梳理,从中去体会和把握德性的本质。1. 作为向善的"品质"。大多数西方思想家把德性理解为一种向善的品质。希腊语aretê一词在荷马史诗里,被用于表达任何一种卓越,而这一词后来被译成"德性"。也就是说,德性就是任何一种卓越,是对人的一种品质的描述。在英雄史诗所描绘的社会形态中,卓越与德性可以作为同一概念,共同描述这样一种品质:它们能够使人做到他或她的角色所要求做的事情。赫尔曼·弗兰克尔则这样认识德性:德性就是维持一个充当某种角色的自由人的那些品质,德性就表现在他的角色所要求的行为中。2. 作为确保成功的品质。亚里士多德在《尼各马科伦理学》中把人的德性看做一种使人成为善良、并获得其优秀成果的品质。《新约》的德性观在内容上与亚里士多德的不同,但事实上与亚里士多德的德性观的逻辑和概念结构相同,认为德性是一种品质,它的践行导向人的目的实现,而阿奎那糅合了亚里士多德和《新约》的概念,但依旧把德性指向实现人的特有目的的人的品质。3. 作为去恶的品质。作为中世纪的观点,奥古斯丁的神学德性观则认为人类生活的叙述,就是作为主体的人负有一个使命,而完成这个使命有许多的恶为障碍,完成这个使命取决于他们对人类善的特殊占有。因此在他看来,所谓德性,就是那些能够使恶被克服的一类品质,是使人完成其使命,走完其旅途的品质。也就是说,德性就是那些使人能够在他们的历史旅程中幸免于恶的品质。4. 作为"能力"和"力量"。柏拉图在他的《美诺篇》中已经表述了德性乃是获得善的能力的含义,即德性并不是善本身,而是成就善的能力。康德在《道德形而上学》中也认为德性就是一种道德力量。卢梭把德性视为"灵魂的力量",德性是寓于灵魂之中的无价精神。著名怀疑论哲学家蒙台涅则说:"力量是一切德行的基础。"斯宾诺莎在《伦理学》中也有同样的认识,"德性与力量我理解为同一的东西",就人的德性而言,"就是指人的本质或本性,或人具有的可以生产一些只有根据他的本性法则才可理解的行为的力量"。"能力"和"力量"是这些理论学说的中心词。事实上,英文的"德性"(virtue)源于拉丁文的 rirtu,本意就是"力量"。5. 作为"手段"或"习惯"。功利主义思想观的哲人们则认为德性是一种达到目的的手段或者是生活中的行为习惯。富兰克林说,德性是达到目的的手段,它们之间构成一种外在关系,培养德性就是最终让幸福在人间或天堂获得成功。爱尔维修则在"个人利益是人类行为价值的唯一而普遍的标准"观念指导下,把德性看成是一种利己的行为习惯。而伏尔泰则说"美德就是那些使人高兴的习惯"。当然,德性作为"手段"、"习惯"也是"达到目的的"、"让幸福……获得成功的"、"使人高兴的""手段"或"习惯"。6. 作为"感情"或"欲望"。道德哲学家罗尔斯这样看德性,"德性就是感情,也就是说,它是与由一种较高层次的欲望所规范的那些气质和倾向相关联的"。甚至他还进一步强化"欲望"之说,把"基本的德性"界说为"依据正当的基本原则去行为的强烈的和正常有效的欲望"。把"德性"直接看做感情,这也是一种新的视角,并且在他的认识中,我们可能更要注意其落脚的"气质"和

"倾向",连同"情感",我们感受到他对德性理解具有的心理意义。
7. 作为获得性人类品质。麦金太尔通过对历史上德性观的反思,把德性定义为"是一种获得性人类品质,这种德性的拥有和践行,使我们能够获得实践的内在利益,缺乏这种德性,就无从获得这些利益"。他虽然说这一定义是以"公式化形式","不完全的和暂时的",但他对这一定义充满了肯定,是一个"初步近似于适当的定义","它已经阐明了德性在人类生活中的位置"。

地球村(global village)

随着现代广播、电视、互联网和其他电子媒介的出现,随着各种现代交通方式的飞速发展,人与人之间的时空距离骤然缩短,整个世界紧缩成一个"村落"。"世界村"一词是加拿大传播学家马歇尔·麦克卢汉1967年在他的《理解媒介:论人的延伸》(*Understanding Media: The Extensions of Man*)一书中首次提出的。麦克卢汉对现代传播媒介的分析深刻地改变了人们——特别是当代青年人,对20世纪以及21世纪生活的观念,他所预言的地球村在今天的社会已经变成了现实。在麦克卢汉看来,"地球村"的主要含义不是指发达的传媒使地球变小了,而是指人们的交往方式以及人的社会和文化形态发生了重大变化。交通工具的发达曾经使地球上的原有"村落"都市化,人与人之间的直接交往被迫中断,由直接的、口语化的交往变成了非直接的、文字化的交往。而电子媒介又实施着反都市化,即"重新村落化",消解城市的集权,使人的交往方式重新回到个人对个人的交往。"城市不复存在,唯有作为吸引游客的文化幽灵。任何公路边的小饭店加上它的电视、报纸和杂志,都可以和纽约巴黎一样,具有天下在此的国际性。"麦克卢汉觉得这个时候时间和空间的区别变得多余。这种新兴的感知模式将人类带入了一种极其融洽的环境之中,消除了地域的界限和文化的差异,把人类大家庭结为一体,开创一种新的和谐与和平。旧的价值体系已经崩溃,新的体系正在建立,一个人人参与的、新型的、整合的环球村即将产生。事实上,这种环球村已经产生。麦克卢汉的"地球村"理论,是全球化理论的萌芽,对后来研究全球化的学者产生了深远的影响。(参**"麦克卢汉,马歇尔"**条)

地球文明(earth civilization)

对应于外星文明而言的银河星系、太阳系的地球上的人类文明。人类文明经历了远古的人类起源、文明起源时期,从亚洲、欧洲、美洲与非洲的交界区域发展了最早的人类文明,然后经历了几千年的发展从旧大陆迁徙到新大陆,从区域各自隔离的文明社会到全人类的交通、通信乃至教育、科技、经济等全球一体化时代,形成一个地球村或地球整体文明体系。有文字和文物记载的最早文明是非洲—亚欧旧大陆中心地带,东经白令海峡进入美洲形成玛雅与印加文明,西南到中非形成班图文明等。人类文明经历了古埃及、古巴比伦、古印度(公元前1500年之前)时期,在公元前约500年形成的古希腊(雅典时期)、犹太(波斯时期)、印度(佛教时期)、华夏(春秋时期)奠基了后来文明的文化基石,也就是四种典型的文化模式,分别在自然哲学、宗教律法、精神哲学、社会哲学等方面形成了人类文化的典范。

动物解放(animal liberation)

20世纪迅速发展的环境伦理学,是人类将道德关怀从人与人之间扩展到人与自然之间的一场伦理变革。动物作为人类长久以来的亲密伙伴成了这一变革的首批受惠者,因此也成为环境伦理学研究的主要课题之一。以彼得·辛格(Peter Singer)为代表人物的动物解放论是动物伦理研究中影响最大争议也最多的主要理论之一。1973 年 4 月 5 日,彼得·辛格在《纽约书评》上撰文,首次提出"动物解放"一词。1975 年,彼得·辛格在这篇文章基础上写成的《动物解放》(Animal Liberation)一书出版,"动物解放"一词由此深入人心,并成为 30 年来风起云涌的动物权利运动最为响亮的口号。(参"**辛格,彼得**"条)

多布森,安德鲁(Andrew Dobson, 1957—)
英国基尔大学(Keele University)政治学教授,主要研究领域是环境政治理论。相关著作有《正义与环境:环境可持续性的概念和社会正义的向度》(Justice and the Environment: Conceptions of Environmental Sustainability and Theories of Distributive Justice)、《公正性和未来性:环境可持续性与社会正义论文集》(Fairness and Futurity: Essays on Environment Sustainability and Socical Justice)、《公民权与环境》(Citizenship and Environment)和《绿色政治思想》(Green Political Thought)等。(参"**环境主义**"条)

《多少算够》(How Much Is Enough?)
美国学者艾伦·西恩·杜宁(Alan Thein Durning)于 1992 年出版了《多少算够——消费社会与地球的未来》(How Much is Enough: The Consumer Society and the Future of the Earth)一书。在此书里,杜宁把所有人划分为三个阶层:一是消费者阶层,二是中等收入阶层,三是穷人。杜宁在书中分析了消费社会的物质主义基础,指出为了满足无穷尽的欲望,人们付出了惨重的环境代价,尤其是着重批判了"不消费就衰退"的神话。杜宁是著名的美国纽约世界观察研究所资深研究员,曾获得奥伯林学院哲学和环境政策硕士学位、奥伯林学院音乐学士学位。在《多少算够》之前,著作或合著有世界观察论文七篇,论及贫困、种族隔离、土著人、森林和动物农场的环境后果。他参与世界观察研究所著名的《世界状况》年报及《世界观察》(*World Watch*)等杂志的撰稿。

厄尔尼诺现象(El Nino)

"厄尔尼诺"一词来源于西班牙语(El Niño),原意为"圣婴",是秘鲁、厄瓜多尔一带的渔民用以称呼一种异常气候现象的名词。19世纪初,在南美洲的厄瓜多尔、秘鲁等西班牙语系的国家,渔民们发现,每隔几年,从10月至第二年的3月便会出现一股沿海岸南移的暖流,使表层海水温度明显升高。南美洲的太平洋东岸本来盛行的是秘鲁寒流,随着寒流移动的鱼群使秘鲁渔场成为世界四大渔场之一,但这股暖流一出现,性喜冷水的鱼类就会大量死亡,使渔民们遭受灭顶之灾。由于这种现象最严重时往往在圣诞节前后,于是遭受天灾而又无可奈何的渔民将其称为上帝之子——圣婴。正常情况下,热带太平洋区域的季风洋流是从美洲走向亚洲,使太平洋表面保持温暖,给印尼周围带来热带降雨。但这种模式每2~7年被打乱一次,使风向和洋流发生逆转,太平洋表层的热流就转而向东走向美洲,随之便带走了热带降雨,出现所谓的"厄尔尼诺现象"。

恶(wrong)

一种伦理学范畴,就其内容说是善的对立面;一种道德意识概念,它是关于不道德的、违反道德要求的、应当受到谴责的行为的观念的最概括的表现,也是对不良道德品质的一般的抽象的评定。作为善的反面,恶具有与善一一对应的相反含义:1. 不愉快;2. 阻碍满足欲望;3. 达不到目的;4. 无效率;5. 道德恶,等等。恶是阻碍满足需要、实现欲望、达成目的的效用性。"道德恶",亦即所谓"不正当"（wrong），也是一种对于目的的负效用性,亦即对于社会创造道德的目的的负效用性。此外还有如下数种典型的恶:1.纯粹恶。结果是恶的东西,其自身既可能阻碍满足需要、实现欲望、达成目的,从而是恶的;也可能有利于满足需要、实现欲望、达成目的,从而是善的。自身与结果都是恶的东西,如癌,可以名之为"纯粹恶"。自身是善而结果是恶的东西,一般说来,其善小而其恶大,其净余额是恶,因而也属于"纯粹恶"范畴。举例说,吸毒、放纵、懒惰、奢侈、好色、贪杯等等绝大多数恶德,就其自身来说,都是一种需要的满足、欲望的实现、目的的达成,因而都是善;但就其结果来说,却阻碍满足或实现更为重大的需要、欲望、目的,因而是更为巨大的恶,其净余额是恶,因而也是一种纯粹的恶。2.必要恶。自身是恶的东西,其结果既可能是恶,也可能是善:前者如癌症,因而属于纯粹恶范畴;后者如阑尾炎手术,因而可以称之为"必要恶"。必要恶既极为重要,又十分复杂。我们可以把它定义为"自身为恶而结果为善、并且结果与自身的善恶相减的净余额是善的东西"。这种东西就其自身来说,完全是对需要和欲望的压抑、阻碍,因而是一种恶。但是,这种恶却能够防止更大的恶或求得更大的善,因而其结果的净余额是善,是必要的恶。必要的恶属于手段善范畴。不过,它的善既然仅仅存在于结果,而不在自身,其自身完全是恶,那么,它便不可能是内在善,而只可能是手段善:它是绝对的手段善,亦即绝对不可能是内在善的手段善。所以,如果说绝对的内在善只有"幸福"一种事物,那么,绝对的手段善或必要恶则不胜枚举,如手术、疼痛、政治、法律、监狱、刑罚等等。因为这些东西就其自身来说,无不是对于人的某些欲望和自由的限制、压抑、侵犯、损害,因而是一种恶;但是,这些恶却能够防止更大的恶(个人的死亡或社会的崩溃)和求得更大的善(生命的保存或社会的发展),因而其结果的净余额是善,是必要的恶或绝对的手段善。道德上的恶应当区别于社会上的恶,社会罪恶不仅是道德上的恶,而且是一个更广泛的概念,它包括同人(社会、阶级)的利益和生活需要相矛盾的、阻碍社会进步的全部现象的总和。而道德上的恶之所以能够成为对社会现象的一种说明,只是因为道德意识把这种现象看成是特定个人(集团、阶级)的意志的表现,看成是对应的背景,也只是因为可以把这些现象的罪过归于某个人,和禁止出现这些现象,通常人们把不良行为评价为道德上的恶。(参"**善**"条)

反馈环(feedback loop)

生态系统引入的一个重要概念,认为自然可被组织为生态系统,如草地、湖泊、平原和森林等,它们通过各自正常的功能使系统维持一种相对的平衡。一个系统的结构就意味着该系统中诸多部分如何关联。一个生态系统中的元素不是简单地以一种线性的和偶然的方式相联系,它们之间复杂的联系可用反馈环作为特征。从本质上说,在一个相互联系的动态网络中,系统中的元素不仅受其他元素的影响,而且反过来也对其他的元素产生影响。这一反馈结构不是随机的,其目的在于维持系统内部的平衡。

非人类中心主义(non-anthropocentrism)

与人类中心主义相对而言的一个概念。当今世界,环境保护早已不仅仅是一个自然问题,自然也不再是自然本身,不再是远离社会矛盾的、独立的物质世界,它的政治化不可避免。因为,生态环境问题已经进入现代政治的核心地带,比如疯牛病、SARS 等。再如,金光 APP 风波,随着事态进展,已成为公共事件,它的绿色政治气息,也越来越浓厚。有人指出,绿色和平组织保护生态环境的初衷,无疑值得支持,但是,他们宣扬的其实是一种原始的生态保护观,这种生态观,有其意识形态渊源。实际上,西方当代环境伦理学,以及国际社会中的绿色运动,派别林立,主张不同,对于很多问题,不同的派别会有完全对立的观点。其中,关于人类中心主义和非人类中心主义的争论,兴起于20世纪70年代的西方国家,绵延多年。现在,中国似乎开始重蹈这种理论困境。所谓人类中心主义,就是以人为本,主张在人与自然的相互作用中将人类的利益置于首要的地位,强调人类的利益应成为人类处理自身与外部生态环境关系的根本价值尺度。该理论认为,人与人之间才有真正意义上的义务,而自然,只是对这种义务起到工具的作用。但非人类中心主义——即生态中心主义——对人类中心主义持尖锐批判态度,把人类中心主义看做是环境保护的最低境界,认为人类应全面超越人类中心主义,建立一个以自然生态为尺度的伦理价值体系和相应的发展观。非人类中心主义认为,人类中心主义是生态破坏和环境污染的罪恶之源。而非人类中心主义,又包括各种流派,如动物权力论、大地伦理学、深生态学、生物区域主义、生态女性主义等等。说到底,非人类中心主义是一种生物中心主义、生态中心主义。这场旷日持久的争论,其国际政治背景,便是绿色运动中"红色绿党"和"绿色绿党"两大阵营之争。"红色绿党",主张人类中心主义,又称绿色社会主义,将社会主义理论同生态运动结合起来,是当代社会主义运动中的重要政治力量,其主要成员,是马克思主义者和社会民主主义者。而"绿色绿党"则主张非人类中心主义、生态中心主义,在生态运动中,以无政府主义为理论基础,其主要成员,基本上是生态原教旨主义者、生态无政府主义者。在20世纪90年代以前,全球绿色运动的主导哲学思想,是生态中心主义。这种思潮,是后工业社会的产物,它反对工业社会的主流发展模式,主张反增长、反生产、反技术,崇尚"回到丛林去"的浪漫主义世界观,并否定任何形式的人类中心论,具有明显的非理性主义和神秘主义倾向。但自90年代以来,在欧洲,当代生态社会主义者提出了重返人类中心主义的口号。他们认为,马克思关于人类改造自然的人类中心主义观点,是将人类利益和自然利益统一起来的唯一道路;人对自然的支配,不是出现生态问题的原因,生态问题是由对待自然的资本主义方式所引起的。(参"人类中心主义"条)

非生物环境(abiotic environment)

包括参加物质循环的无机元素和化合物(如 C、N、CO_2、O_2、Ca、P、K),联系生物和非生物成分的有机物质(如蛋白质、糖类、脂类和腐殖质等)和气候或其他物理条件(如压力、温度)。

分解者(decomposer)

又称"还原者",指生态系统中细菌、真菌和放线菌等具有分解能力的生物,也包括某些原生动物和腐食性动物。分解者是异养生物,其作用是把动植物体的复杂有机物分解为生产者能重新利用的简单化合物,并释放出能量,其作用与生产者相反。分解者在生态系统中的作用是极为重要的,如果没有它们,动植物的尸体将会堆积成灾,物质不能循环,生态系统将会崩溃。分解作用不是一类生物所能独立完成,往往有一系列复杂的过程,各个阶段由不同的生物去完成。

佛教(Buddhism)

世界三大宗教(其他两种为基督教、伊斯兰教)之一,由三千多年前的古印度的迦毗罗卫国(今尼泊尔境内)王子所创,他的名字是悉达多(S. Siddhārtha, P. Siddhattha),他的姓是乔达摩(S. Gautama, P. Gotama)。因为他属于释迦(Sākya)族,人们又称他为释迦牟尼,意思是释迦族的圣贤。佛教广泛流传于亚洲的许多国家。西汉末年经丝绸之路传入中国。佛教虽诞生于古印度,然佛学却大兴于东土。自佛学传入华夏与儒、道摩荡千余年,已与儒、道三分天下,构成华夏文明内核之一,或隐或显地影响着华人的心理结构。佛学玄妙、精深处即在于其视野广阔与思维"超越"。佛学倡导心灵的生活,它以超越物欲及世俗束缚而获得心灵自由为宗旨,更以修持戒、定、慧脱离六道轮回而达到永恒涅槃为鹄的。佛学"诸法无我,诸行无常,涅槃寂静"之法印所彰显的"去执"理念颇有益于当下。佛学本始于古印度,之所以能在华夏扎根,亦在于其与儒、道之"似与不似之间",彼此具有互补性,故而能和谐交融,成为传统文化的有机组成部分。虽然佛学之宗旨乃是"成佛",但成佛之根基仍在"做人",故而"道德伦理"乃其"分内事"。如净土宗之《观无量寿经》云:"欲生彼国者,当修三福:一者,孝养父母,奉事师长,慈心不杀,修十善业。二者,受持三归,具足众戒,不犯威仪。三者,发菩提心,深信因果,读诵大乘,劝进行者。如此三事,名为三世诸佛敬业因果。"所谓"佛从人起",只有先修持德行,返归良知,然后在此基础上不断精进,才有达到"佛"之可能。若佛学能走进民间,以净宗之"慈、孝、敬、信"、华严之"包容必均"之理念化解人间争执、冲突,实行太虚法师所谓的"人间佛教",则不仅有利于道德人心,亦能帮助政府解决诸多社会问题。

福斯特,约翰·贝拉米(John Bellamy Foster)

美国俄勒冈大学社会学教授,《每月评论》(*Monthly Review*)编辑,当代西方马克思主义生态学理论的代表人物。其作品多集中在资本主义政治经济学、经济危机、生态学与生态危机、马克思主义理论等领域。其主要著作有《脆弱的星球》(*The Vulnerable Planet*, 1994)、《马克思的生态学:唯物主义与自然》(*Marx's Ecology:Meterialism and Nature*, 2000)、《生态危机与资本主义》(*Ecology against Capitalism*, 2002)、《生态革命:同地球和平共处》(*The Ecological Revolution:Making Peace with the Planet*, 2009)。《生态革命》一书论及全球变暖、石油枯竭、物种灭绝、世界水资源短缺、全球粮食危机、替代能源、可持续发展和环境正义。福斯特指出,我们正处于人类与地球关系的转折点,那种企图只利用纯技术的、工业的或自由市场手段,远离基本的社会关系的手段来解决问题,是不可能成功的。(参"《生态危机与资本主义》"条)

富营养化(eutrophication)

生物所需的氮、磷等营养物质大量进入湖泊、河口、海湾等缓流水体,引起藻类及其他浮游生物迅速繁殖,水体溶氧量下降,鱼类及其他生物大量死亡的现象。大量死亡的水生生物沉积到湖底,被微生物分解,消耗大量的溶解氧,使水体溶解氧含量急剧降低,水质恶化,以致影响到鱼类的生存,大大加速了水体的富营养化过程。水体出现富营养化现象时,由于浮游生物大量繁殖,往往使水体呈现蓝色、红色、棕色、乳白色等,这种现象在江河湖泊中叫水华,在海中叫赤潮。

G

盖亚假说(Gaia hypothesis)

盖亚(Gaia)乃希腊神话中的大地女神。盖亚假说由英国大气学家洛夫洛克(James Lovelock)于20世纪60年代提出。该假说认为地球表面的温度、酸碱度、氧化还原电位势及大气的气体构成等是由生命活动所控制并保持动态平衡,从而使得地球环境维持在适合于生物生存的状态。包含五个层次的含义:一是认为地球上的各种生物有效地调节着大气的温度和化学构成;二是地球生物影响了环境,而环境又反过来影响着生物进化过程,两者共同进化;三是各种生物与自然界之间主要由负反馈环连接,从而保持地球生态的稳定状态;四是认为大气能保持在稳定状态不仅取决于生物圈,而且在一定意义上为了生物圈;五是认为各种生物调节其物质环境,以便创造各类生物优化的生存条件。目前对于前两个层次含义(常称为"弱盖亚",Weak Gaia)一般没有争论,而对后三个层次(称为"强盖亚",Strong Gaia)还有争议。

感性能力论(perceptual ability theory)

现代西方环境伦理思潮之一,主要代表是彼得·辛格(Peter Singer)。辛格是借助功利主义的基本原理来论证事物的内在价值的。在功利主义者看来,能给人带来快乐(或幸福)的行为就是善的,具有价值;不能给人带来快乐(或幸福)的行为就不是善的,不具有价值;只能给人带来痛苦的行为就是恶的,具有负价值。所以,在辛格看来,"对苦乐的感受性"正是功利主义者所认为的人之具有内在价值的根据。依此,辛格进一步推断说,假如功利主义是成立的,那么动物也应当具有内在价值和道德权利,也应当成为道德关怀的对象,因为动物也具有感受苦乐的能力。(参"**辛格,彼得**"条)

工具价值(instrumental value)

就是事物所具有的、对外在于自己的其他事物的价值,它必然因相关物的不同而不同。

工业革命(The Industrial Revolution)

工业革命,又称产业革命,发源于英格兰中部地区,是指资本主义工业化的早期历程,即资本主义生产完成了从工场手工业向机器大工业过渡的阶段。工业革命是以机器取代人力,以大规模工厂化生产取代个体工场手工生产的一场生产与科技革命。由于机器的发明及运用成为这个时代的标志,因此历史学家称这个时代为"机器时代"。18世纪中叶,英国人瓦特改良蒸汽机之后,由一系列技术革命引起了从手工劳动向动力机器生产转变的重大飞跃。随后向英国乃至整个欧洲大陆传播,19世纪传至北美。

功利主义(utilitarianism)

即效益主义,伦理学中的一个理论。早在功利主义正式成为哲学理论之前,就有功利主义思想雏形的出现。公元前5世纪的亚里斯提卜(Aristippus)、前4世纪的伊壁鸠鲁(Epicurus)、中国古代的墨子及其追随者的伦理学中都存在着如何促使最大快乐的思维,他们是古人中的功利主义先驱。近代英国哲学家与伦理学家如坎伯兰

(Richard Cumberland)、法兰西斯·哈奇森(Francis Hutcheson, 1694—1746)与大卫·休谟(David Hume,1711—1776)都有功利主义倾向。据杰罗米·边沁(Jeremy Bentham)指出,他在英国化学家约瑟夫·普里斯特利(Joseph Priestley,1733—1804)、法国哲学家爱尔维修(Claude-Adrien Helvetius)、意大利法学家贝卡里亚(Cesare Beccaria)以及休谟等的著作中都发现了功利原则。功利主义提倡追求"最大幸福"(Maximum Happiness),认为人应该做出能"达到最大善"的行为。所谓最大善的计算则必须依靠此行为所涉及的每个个体之苦乐感觉的总和,其中每个个体都被视为具有相同分量,且快乐与痛苦是能够换算的,痛苦仅是"负的快乐"。不同于一般的伦理学说,功利主义不考虑一个人行为的动机与手段,仅考虑一个行为的结果对最大快乐值的影响。能增加最大快乐值的即是善,反之即为恶。人类的行为完全以快乐和痛苦为动机。人类行为的唯一目的是求得幸福,所以对幸福的促进就成为判断人的一切行为的标准。功利主义正式成为哲学系统是在 18 世纪末与 19 世纪初期,由英国哲学家兼经济学家边沁和密尔(John Stuart Mill)提出。其基本原则是:一种行为如有助于增进幸福,则为正确的;若导致产生和幸福相反的东西,则为错误的。幸福不仅涉及行为的当事人,也涉及受该行为影响的每一个人。19 世纪末期的功利主义代表人物亨利·西奇威克(Henry Sidgwick)认为功利主义来自对"常识"的道德系统的反省。他论证多数的常识道德被要求建立在功利主义基础上。他也认为功利主义能解决常识学说的模糊和前后矛盾而产生的困难和困惑之处。在 20 世纪功利主义虽然经过摩尔(G. E. Moore)的批判,但英美哲学家与英国自然科学家兼伦理学家图尔明(Stephen Edelston Toulmin)、牛津大学的诺埃尔·史密斯(Patrick

Nowell Smith)、厄姆森(J. O. Urmson)以及澳大利亚的斯马特(J. J. C. Smart)等人仍为功利主义辩护。(参"**边沁,杰罗米**"条)

国际环境法(International Environmental Law)

关于国际环境问题的原则、规则和制度的总和,是调整国家在国际环境领域的具有法律约束力的规章制度,是保护环境和自然资源、防止污染和制裁公害的国际法律规则,是建立在"地球一体"概念上的国际法新领域。国际环境法由各国为了保护自然环境而缔结的一系列条约组成。从20世纪70年代以来,保护人类环境的思想、原则越来越多地载入联合国大会的决议和宣言。1972年在瑞典斯德哥尔摩通过的《联合国人类环境会议宣言》(又称《斯德哥尔摩宣言》),列举了在环境保护领域内国际和国内活动所应遵循的26项原则,其中包括一些有关保护环境的确立主权国家的责任和义务的原则。因此,斯德哥尔摩会议被认为是国际环境法的开端。(参"《斯德哥尔摩宣言》"条)

国家公园运动(National Park Movement)

国家公园运动的发展源自自然保护运动。17世纪中叶,国家公园理念开始在君主制国家兴起,但发展缓慢。到了19世纪,国家公园运动开始蓬勃发展,主要有三个方面的原因:一是一些浪漫主义作家对自然美的发现,并且广泛传播;二是对自然界的科学认识不断加深(伴随着19世纪的殖民主义,自然科学家同殖民者一道游历了世界,并有大量的科学发现,如达尔文的生物进化论,生态学概念的提出等);三是对野生动物尤其是鸟类的残酷杀害的反省。走在近代国家公园运动前列的是美国。1832年,美国国会批准在阿肯色州建立第一个自然保护区——热泉保护区,但没有人将其宣布为世界上第一个国家公园。1864年6月,美国总统林肯签署了一项法案,将约塞米蒂和马里波萨巨树森林划为永久公共地,并赠予加利福尼亚州政府进行管理,命名为州立公园(State Park)。1872年,经国会批准,美国建立了世界上第一个国家公园——黄石国家公园,并颁布了《黄石公园法案》,开创了国家公园运动的先驱。加拿大于1885年开始在西部划定了3个国家公园(冰川国家公园、班夫国家公园、沃特顿湖国家公园)。同时,澳大利亚设立了6个,新西兰设立了6个国家公园。19世纪,几乎全部国家公园都是在美国和英联邦范围内出现的。美国的国家公园模式被世界上100多个国家所效仿。(参"赫奇·赫奇争论"条)

哈丁，加勒特（Garrett Hardin）

世界著名经济学家，加利福尼亚大学圣巴巴拉分校人类生态学荣誉退休教授。他撰写了大量生态学、生物学和伦理学方面的著作，包括《普罗米修斯伦理学》《利他主义的度》《追寻原始禁忌》《人口、进化和节育》和《生活在极限之内：生态学、经济学和人口禁忌》等。其中《生活在极限之内：生态学、经济学和人口禁忌》的主题，是否定一切现实生活中的指数增长。无论人口增长、经济增长，还是银行的利息增长，哈丁都认为是不可持续的。他的逻辑是简单而有力的：只要我们承认这个世界是有限的，那么，一切指数增长终将是虚幻，是泡沫，总会有烟消云散的一天。为了证明这一点，哈丁动员了他的所有学识，从土地生产力谈到外星，从千年以前谈到未来，从经济学谈到核物理。作者提出了著名的"公地的悲剧"的论断：以公共利益为代价的个人获利使得村庄的公地牧场被过度放牧，因为每个牧人都想放养更多的牲口，过度放牧的结果由所有牧人承担，而增加牲口的利益则为个体牧人所有。这一"公地的悲剧"适用于全球的生态问题，人类的存在已经遍及全球，无处可逃，在他的笔下，千百年来有关指数增长的论战跌宕起伏，论述之精彩，可以说是一场思想的盛宴。

海克尔，恩斯特·亨利（Ernst H. Haeckel，1834—1919）

德国博物学家，达尔文进化论的捍卫者和传播者。生于德国波茨坦。早年在柏林、维尔茨堡和维也纳学医,著名学者缪勒(J. Müller)、克里克尔(R. A. von Klliker)和微尔和(R. C. Weierhe)都曾是他的老师。1860年,海克尔读了达尔文的《物种起源》后就对进化论深信不疑,不但成了在德国宣传和捍卫达尔文进化论的学者,而且把进化观点推广开来,建立"一元论哲学",推进了反基督教的活动。他的一元论认为,世界上一切现象都是某种"一元物"发育、进化的结果。在1866年出版的《普通形态学》一书中,以进化的观点阐明生物的形态结构,并以"系统树"的形式,表示出各类动物的进化历程和亲缘关系。他通过讲课、演讲、写文章等种种方式竭力宣传进化论;1868年还出版了这方面的科普著作《自然创造史》,把生命起源和人类演变也纳入进化体系之中。在1874年出版的《人类发生或人的发展史》一书中提出"生物发生律",认为"个体发育是系统发育简短而迅速的重演";指出"生命是由无机物即死的材料产生的"、"人类是由猿猴进化而来的,就像猿猴是由低等哺乳动物进化而来一样"。

海洋生态系统(marine ecosystems)

海洋中由生物群落及其环境相互作用所构成的自然系统。生态系统(Ecosystem)一词,系英国坦斯利(A. G. Tansley)于1935年提出。在此之前,德国K. A. 默比乌斯(1877)和美国S. A. 福布斯(1887)曾分别用生物群落(Biocoenosis)和小宇宙(Microcosm)这两个词,记述了类似坦斯利所说的内容。广义而言,全球海洋是一个大生态系统,其中包含许多不同等级的次级生态系统。每个次级生态系统占据一定的空间,由相互作用的生物和非生物,通过能量流和物质流形成具有一定结构和功能的统一体。海洋生态系统分类,目前无定论,按海区划分,一般分为沿岸生态系统、大洋生态系统、上升流生态系统等;按生物群落划分,一般分为红树林生态系统、珊瑚礁生态系统、藻类生态系统等。海洋生态系统研究开始于20世纪70年代,一般涉及自然生态系统和围隔实验生态系统等领域。近几十年,以围隔(或受控)实验生态系统研究为主,主要开展营养层次、海水中化学物质转移、污染物对海洋生物的影响、经济鱼类幼鱼的食物和生长等研究。

和谐(harmony)

对立事物之间在一定的条件下具体、动态、相对、辩证的统一,是不同事物之间相同相成、相辅相成、相反相成、互助合作、互利互惠、互促互补、共同发展的关系。中西方关于和谐的概念稍有不同。西方的"和谐"理念:"整个天就是一个和谐"(毕达哥拉斯);和谐产生于对立的东西(赫拉克利特);文艺复兴后许多思想家都把"和谐"视为重要的哲学范畴。中国古代的"和谐"理念:"和而不同"、事物的对立统一,即具有差异性的不同事物的结合、统一共存;政治和谐,一种社会政治安定状态;遵循事物发展客观规律,追求人与自然的和谐。和谐,并非没有矛盾、冲突,是一种动态平衡。

赫奇·赫奇争论(Hetch Hetch debate)

在有功利主义的经济学和环境保护主义的争论中,以美国平肖和缪尔对加州约瑟米蒂(California Yosemite)国家公园赫奇·赫奇峡谷(Hetch Hetch Valley)建水库的不同观点最具代表性。即所谓赫奇·赫奇争论。为了向旧金山供水,美国人拟订了一项在赫奇·赫奇峡谷建造大坝的计划。大坝建成后,赫奇·赫奇峡谷将被淹没。

赫奇·赫奇峡谷临近加利福尼亚州,风景优美,是约瑟米蒂国家公园的一部分。支持派以吉福德·平肖(Gifford Pinchot)等官方人士和专家为主,他们认为在峡谷筑坝可以向数百万人供水,符合最有效地利用自然资源的原则。这一派的观点被称为资源保护主义,主张为了使用而保护,强调"科学使用"以减缓有限自然资源的枯竭。反对派以约翰·缪尔(John Muir)等民间有识之士和自然爱好者为主,主张峡谷应当受到保护,免遭人类活动破坏。这一派的观点被称为自然保护主义,提倡对自然的保护应尽量保持其原貌,强调自然具有独立于人类而存在的价值。最终,1914年美国国会终于批准了水库的修建计划。但是争论一直没有停止,最终这场争论直接推动了国家公园运动的发生,催生了1964年的《荒野法》。(参"**国家公园运动**"条)

赫胥黎,托马斯(Thomas H. Huxley,1825—1895)

英国著名博物学家,达尔文进化论最杰出的代表。出生在英国一个教师的家庭,早年的赫胥黎因为家境贫寒而过早地离开了学校,但他凭借自己的勤奋,靠自学考进了医学院。1845年,赫胥黎在伦敦大学获得了医学学位。赫胥黎是达尔文学说的积极支持者。他竭力宣扬进化学说,与当时的宗教势力进行了激烈的斗争,并进一步发展了达尔文的思想,是最早提出人类起源问题的学者之一。1859年11月3日,达尔文的科学名著《物种起源》出版。当时,进化论思想还没有普及,进化论者的队伍也不够壮大,在这场大论战中支持达尔文的人处于少数。赫胥黎在阅读过《物种起源》后即表示,他将全力以赴投入这场捍卫科学思想的大论战中去。在为宣传进化论而进行的几十年的斗争中,赫胥黎一直站在斗争的最前线,充当捍卫真理的"斗犬"。人们高度评价赫胥黎坚持真理、捍卫和传播科学真理的崇高品格,说:"如果说进化论是达尔文的蛋,那么,孵化它的就是赫胥黎。"赫胥黎并不完全接受达尔文的理论,相对于捍卫自然选择理论,他对唯物主义专业科学精神更加推崇。作为科普工作的倡导者,他创造了概念"不可知论"来形容他对宗教信仰的态度。他还创造了概念"生源论",即一切细胞起源于其他物质也叫"自然发生",就是说生命来自于无生命物质。赫胥黎发表过150多篇科学论文,如《人类在自然界的位置》《动物分类学导论》《非宗教家的宗教谈》《进化论与伦理学》等。内容不仅包括动物学和古生物学,而且涉及地质学、人类学和植物学等方面。他对海洋动物的研究尤为著名,曾指出腔肠动物的内外两层的体壁相当于高等动物的内外两胚层。(见"**天演论**"条)

环境(environment)

某一特定生物体或生物群体周围一切的总和,包括空间及直接或间接影响该生物体或生物群体生存的各种因素。环境又是一个相对的概念,必须有一个特定的主体或中心,离开这个主体或中心,就无所谓环境。

环境保护主义(environmentalism)

简称环保主义,是指与自然环境的保存、恢复和改善,诸如自然资源的保护、污染防治和恰当的土地利用的一切行为。通常支持原住民与全球化的抗争,尽管有些事物表面对环境的破坏不大,如反对生活方式的传播。环境保护主义作为现代流行词汇,常常与绿化、环境管理、资源利用、减少浪费,以及环境义务、道德规范、公平公正等相联系。环境保护主义是以人与自然和谐相处的一种信仰，它既可以成为一种虚幻的思想，也可以抽象成一种处事原则，即不给地球、环境造成更大的伤害，落实到实处，可被认为是一种环保现实行为。根据政治科学家安德鲁·多布森(Andrew Dobsen)的观点，环境保护主义符合一种意识形态的所有特征，因此应该将之与其他意识形态，如保守主义、自由主义或者社会主义等同等对待。正如其他意识形态一样，环境保护主义也提供了一种对社会的分析性描述，假定了一种确定的、值得期待的社会形式，并拥有着一套对于政治行动的纲领性规划。因此，环境保护主义者利用这种信仰来约束他人，造成一些政治理想。他们成立相应的政党，来改变环境，拯救地球。他们的所作所为渐渐地影响着社会经济、文化、政治的发展。虽然迈克尔·肯尼(Michael Kenny)也视环境保护主义为一种意识形态，但是他强调，绿党(Grüne)拒绝接受这种概念。

环境科学(environmental science)

一门研究环境的物理、化学、生物三个部分的学科。它提供了综合、定量和跨学科的方法来研究环境系统。由于大多数环境问题涉及人类活动，因此经济、法律和社会科学知识往往也可用于环境科学研究。一门研究人类社会发展活动与环境演化规律之间相互作用关系，寻求人类社会与环境协同演化、持续发展途径与方法的科学，可称之为环境科学。

环境伦理(environmental ethics)

与传统伦理学的研究对象相比较，环境伦理确有其特殊性，它在一定意义上也的确可以被看做是人与自然之间的伦理关系。但是,如果像人类中心主义那样,认为环境伦理学对环境伦理的探究和建构意味着伦理道德所适用的范围从人与人之间的关系扩展到了人与自然之间的关系,即认为环境伦理所调整的人与自然之间的关系完全超越于人与人之间关系的范围之外,夸大了环境伦理的特殊性,并从根本上误解了环境伦理的性质。环境伦理学的产生和发展不过是伦理学对于日益严重的生态环境问题的理论回应,其对环境伦理的探究和建构,是为了救治日益恶化的生态环境,克服和解决已对人类生存和发展构成严重威胁的环境问题。而生态环境成为问题,从表面上看是人与自然的关系出了问题,但从实质上看则是人与人的社会关系出了问题;环境问题就是人与人的社会关系上的问题,特别是人们之间的利益矛盾和冲突在人与自然关系上的表现。与此相应,环境伦理所调整的对象,从表面上看是人与自然之间的关系,而从实质上看则是人与人之间的关系,是以人与自然的关系的形式表现出来的人与人的关系,是被自然所中介了的人与人之间的关系。因此,环境伦理学并没有完全超出传统伦理学的界域,其对环境伦理即人与自然之间的伦理关系的探究和建构也谈不上是对传统伦理学研究对象即人与人之间的伦理关系的扩展。其实,环境伦理自身的性质完全可以解答环境伦理的依据问题。环境伦理的实质仍然属于人与人之间的伦理关系,只不过是一种以人与自然关系的形式表现出来的或以自然为中介的人与人之间的关系;环境伦理所确认的应是人们之间的道德义务和责任,只不过是在人们处理与自然的关系时才表现出对他人和后代人的道德义务和责任。环境伦理这种与传统伦理学研究对象本质上同一而表现形式相异的性质,本身就足以构成环境伦理得以可能的重要依据。

《环境伦理学:环境哲学导论》(*Environmental Ethics:An Introduction to Environmental Philosophy*)

讨论当代环境伦理问题的优秀导论作品之一。作者戴斯·贾丁斯(Joseph R. Des Jardins)是美国圣本尼迪克和圣约翰大学联合建立的哲学系的教授,他在政治学和经济学的层次上更进了一步,精确审视了环境问题之下的哲学争议。以精彩典型的案例阐释了重大环境问题深层的哲学和伦理的分歧,其理论涉及从亚里士多德到当代的"深层伦理学"和"生态女权主义",是案例与理论连璧的典范教科书,不仅对于学生,对于政府决策人员以及普通民众,该书的潜在价值都不可低估。

环境敏感度(environmental sensitivity)

"环境敏感度"是美国学者詹姆斯·罗伯兹(James Roberts)在对环境进行现状评价时,提出此概念并创立了一整套分析方法。在一般情况下,环境要素对于人类活动的影响都要产生一定的反应,而且不同的环境要素对于不同的人类活动形式具有不同的忍受力。忍受能力强的,则表明该环境要素对此种活动形式反应不敏感。反之,若环境要素对人类活动的忍受力弱,则表明该要素对此种活动形式反应敏感。詹姆斯·罗伯兹把环境因素对人类活动反应的这种敏感性的强弱,称为"环境敏感度"。他在给出敏感度的定义以后,又进一步划分出敏感度等级,并相应地赋分,以计量任何已知环境参数的敏感度。其敏感度共分为六级,即"极端敏感"、"非常敏感"、"中度敏感"、"轻度敏感"、"微弱敏感"及"毫不敏感"等,并按上述等级顺序,分别赋予5~0分,以作为比较、评价与概括自然环境的数据标准。在此基础上作出环境敏感度矩阵、环境因素影响矩阵,并计算出"权重"和"敏感度综合值",进而对各环境区域进行评价。主要指区域生态系统在人类活动的影响下发生变化(退化或改善)的潜在可能性及其程度。它是综合评价区域生态环境质量、人口负荷、土地利用合理程度及经济发展状况的综合性指标,是区域生态环境规划与管理的基础。

环境敏感度指标(environmental sensitivity index,ESI)

"环境敏感度指标"是美国于1976年由RPI公司与美国海洋及大气总署(NOAA)合作发展出来的,主要反映海域溢油污染等生态问题对近海生态环境的影响。这一指标体系大致包含如下三方面的内容:一是海岸对各种污染的敏感度,如油污接触海岸后,能否经海潮、海浪冲刷而易于清除,以及有何等程度的残留物;二是生物资源对各种污染的敏感度,即对于容易受到油污损伤或稀有生物及其栖息地,其丰富度及分布情况;三是人类利用资源的程度,根据海岸土地使用类型来界定其受污染影响的敏感尺度。海岸生物种类是相当广泛的,许多物种可能会在某时段内大量出现某些区域,其对油污的消解能力是相当脆弱的,而这些生物之栖地也可能受到油污的冲击;特别是,越是在这类情形之下(如:大批生物个体集中在一个小区域,或处于特别脆弱的生命阶段或活动中,或是濒临绝种或稀有的物种等),其敏感性越高。

环境系统(environmental system)

环境各要素及其相互关系的总和。环境系统的范围可以是全球性的,也可以是局部性的。地球表面各环境要素及其相互关系的总和,构成地球环境系统。环境系统各要素之间彼此联系、相互作用,构成一个不可分割的整体;有其发生、发展、形成和演化的历史,在长期演化过程中逐渐建立起自我调节机制,维持自身相对稳定性;它是一个开放系统,是一个动态平衡体系,各种物质之间进行着永恒的能量流动和物质交换。环境系统强调把人类所处的自然环境作为一个统一的整体看待,避免人为地将环境分割为互不相干的独立部分,强调环境系统的本质在于各种环境因素之间的相互作用过程。

环境友好型社会(environmentally friendly society)

1992年联合国里约环发大会通过的《21世纪议程》中,200多处提及包含环境友好含义的"无害环境的"(Environmentally Sound)概念,并正式提出了"环境友好的"理念。随后,环境友好技术、环境友好产品得到大力提倡和开发。20世纪90年代中后期,国际社会又提出实行环境友好土地利用和环境友好流域管理,建设环境友好城市,发展环境友好农业、环境友好建筑业等。2002年召开的世界可持续发展首脑会议所通过的"约翰内斯堡实施计划"多次提及环境友好材料、产品与服务等概念。2004年,日本政府在其《环境保护白皮书》中提出,要建立环境友好型社会。环境友好型社会,就是全社会都采取有利于环境保护的生产方式、生活方式、消费方式,建立人与环境良性互动的关系。反过来,良好的环境也会促进生产、改善生活,实现人与自然和谐。建设环境友好型社会,就是要以人与自然和谐相处为目标,以环境承载力为基础,以遵循自然规律为准则,以绿色科技为动力,倡导环境文化和生态文明,构建经济社会环境协调发展的社会体系,实现可持续发展。环境友好型社会的核心目标则是将生产和消费活动规制在生态承载力、环境容量限度之内,通过生态环境要素的质态变化形成对生产和消费活动进入有效调控的关键性反馈机制,特别是通过分析代谢废物流的产生和排放机理与途径,对生产和消费全过程进行有效监控,并采取多种措施降低污染产生量、实现污染无害化,最终降低社会经济系统对生态环境系统的不利影响。

环境整体主义(environmental holism)

现代西方环境运动的一种意识形态;认为"人与自然、人与社会、社会与自然"的存在构成了世界,世界的本体既不是纯客观的自然,也不是脱离自然的人,而是一个"人与自然、人与社会、社会与自然"三位一体的具有生命的有机整体和生态系统。环境整体主义承认人类具有生存权,也不逾越生态承受能力,更不违背整个生态系统的发展规律。主张把人类的物质欲望、社会经济增长、对自然的改造利用限制在能为生态系统所承受的范围内。环境整体主义反对长期存在的传统的主宰自然的"理性人",强调具有生态伦理知识的"理性生态人"。人类发展经历与现实给予证明:以坚持人类利益至上为前提时,生态危机就势必不能避免;以坚持生态系统的整体利益为前提时,生态平衡才得以实现,进而才能实现全人类的利益。在世界的生态系统和生态过程中,蕴含了自然、社会乃至精神性的存在,并得以具体表现。非人本主义预设了一个理想的自然,并一味地要求人去消极地适应,这不仅仅忽视了人与自然相互冲突的一面,并把人降低为生物,一笔勾销了人的社会性本质。这种人与自然机械论世界观强调绝对的主、客体,人与自然、思维和物质的分离和对立,而且认为只有自然是主体,自然以外的世界是客体,作为主体自然具有其自身价值。在这种世界观和价值观的指导下,"对'反增长哲学'的欣赏表明他们根本无视处于现代化进程的发展中国家的现实,以至使环境伦理可能陷入'伦理的不伦理性'的困境"。反之,片面地认为只有认识主体,在人类取得的大多数成就都以损害自然环境为代价,或者说以生命和自然的不可持续发展为代价,从而导致世界的不可持续发展,使人类陷入困境之中。整体主义的环境伦理学,是在方法论上超越以上几种思维方式,确立整体主义的生态方式,科学地把握个体和整体的辩证关系最为关键。个体不仅包括当代人,同时也包括人类社会、自然的概念。而整体则对应包括后代人、自然、人类社会的概念。显然,在这种辩证关系中,传统的主客二分的思维方式就不适用了。近代工业文明的发展价值观,把经济增长看成是发展的终极目的和根本的价值取向,完全否认了自然界的"自然价值",从而理直气壮地掠夺和挥霍自然资源、迅速加剧生态危机和环境危机。环境伦理学的研究要科学地把握个体和整体的辩证关系,就必须考察生态价值,即地球上的任何物种和生物个体,在生存竞争当中都既实现着自身的生存利益,同时也创造着其他物种和生命个体的生存条件,在这个意义上说,物种和生命个体对其他物种和生命个体具有价值,对生态系统整体功能的完善也具有价值。环境整体主义的价值观在很大程度上否定了已有的主体性,把已有主体看做是自然系统中的"普通一员",并通过其相互间的辩证关系构成了系统的概念。从理论上说,它对于克服传统哲学价值观对人与自然关系的片面理解,否定整体与局部的关系具有积极的意义,立足于全面关系的可持续发展的和谐价值观的形成。从实践上说,它对于我们克服当今人类面临的困境和危机、保护自然环境、维护生态平衡也具有十分积极的意义。主张放弃首要次要之分,以相互作用的观点主张放弃以什么为中心,世界没有中心,是多元的,是多元相互作用的世界。

荒漠(desert)

通常指由于降水稀少或者蒸发量大而引起的气候干燥、植被贫乏、环境荒凉的地区。其显著特征是植被十分稀疏,而且植物种类非常缺乏。荒漠生物群落中营养物质匮乏,因此物质循环的规模较小。

荒漠生态系统(Desert Ecosystem)

地球上最耐旱的,以超旱生的小乔木、灌木和半灌木占优势的生物群落与其周围环境所组成的综合体。荒漠有石质、砾质和沙质之分。人们习惯称石质和砾质的荒漠为戈壁,沙质的荒漠为沙漠。

荒野(wildness)

即"荒凉的原野",这种词义带有明显的以人为本的特点。荒野在文学中往往与神秘、恐惧等事件相关。在美国的1964年的荒野法案(*Wildness Act of* 1964)中,荒野被定义为"土地及生命群落未被人占据,在那里人们只是过客而不会总在那儿停留的区域",或者说是指未被开发并未受人类之干扰的区域。美国的荒野法允许联邦政府闲置大面积的公地而不开发,其宗旨即在于"为美国人民娱乐之用,如留下来给后世之用或荒野娱乐"。一般地,允许进行如野炊、宿营、划船、某些狩猎及垂钓等行为,而禁止任何商业行为,如采矿、伐木及建设永久性住宅或筑路等。

荒野保护协会(The Society of Wilderness)

一个民间自发组成的公益性环境保护团体,1995年成立于我国台湾省。以关怀台湾为出发点,放眼全世界,致力于以全民参与的方式,透过自然教育、栖地保育与守护行动,推动台湾及全球荒野保护的工作,重点包括栖地圈护、环境保护、物种保育、永续发展、自然教育及观念推广等。

《寂静的春天》(*Silent Spring*)

美国作家蕾切尔·卡逊的生态文学和生态伦理学的代表作。《寂静的春天》1962年在美国问世时,是一本很有争议的书,是标志着人类首次关注环境问题的著作。它那惊世骇俗的关于农药危害人类环境的预言,不仅受到与之利害攸关的生产与经济部门的猛烈抨击,而且也强烈震撼了社会广大民众,杀虫剂开始引起全社会的广泛关注。1963年,在哥伦比亚广播公司的电视节目中,卡逊和化学公司的发言人进行了一场辩论,这时她的病情已经很严重,但她尽量克制。同年年底她被选为美国艺术和科学学院院士并获得许多奖项,包括奥杜本学会颁发的奥杜本奖章和美国地理学会颁发的库兰奖章。最重要的是引起美国政府的重视,她最后一次在公众中露面就是在参议院调查委员会上作证,从而导致1972年在美国全面禁止DDT的生产和使用,美国厂家开始向国外转移,但其后世界各国纷纷效法。目前几乎全世界已经没有DDT的生产厂了。《寂静的春天》在世界范围内引起人们对野生动物的关注,唤起了人们的环境意识,这本书同时引发了公众对环境问题的注意,促使环境保护问题提到了各国政府面前,各种环境保护组织纷纷成立,从而促使联合国于1972年6月12日在斯德哥尔摩召开了"人类环境大会",由各国签署了《联合国人类环境会议宣言》并开始了环境保护事业,被称为"改变美国的书"之一。(参"**卡逊,蕾切尔·路易斯**"条)

价值(value)

最初是在经济学中使用的一个概念,指的是一件事物具有的、可以被某种标准衡量的、能够满足人的某种需要的属性。19世纪,德国哲学家诸如新康德主义者、叔本华、尼采等扩展了"价值"的意义,成为他们的哲学中一个主要的专门概念。在道德哲学中,"价值"一词实际上被用作"善"的代名词,主要问题是:什么是善,它是不是人们特定的行为的客观属性?人们怎样看待行为中的善、恶(即怎样评价它们)?人们的道德意识中善这个概念的起源和本质是怎样的?所以,它是与"目的性"密切相关的概念。因为只当有了确定的目的,才有相对于目的的好(善)和坏(恶),才有所谓"价值"的观念。符合目的性要求的,就被规定为好(善)的,即有正价值的;与目的性背道而驰的,就被规定为坏(恶)的,即有负价值的;与目的性无关的,就是无价值的。所谓目的性当然是事物的目的性,而事物的目的性则是事物"统一性"的内在规定,因为任何一个"统一体"必然以自身为目的,否则它就不能成其为"统一体"。价值是人类对于自我发展的本质发现、创造与创新的要素本体,包括任意的物质形态。价值在很多领域有特定的形态,如社会价值、个人价值、经济学价值、法律价值等等。这些价值的存在是人在不同领域发展中范畴性、规律性的本质存在。价值包涵人的意识与生命的双重发展,包涵人与外在自然的统一发展。人创造自我世界的一切发展即有价值,价值的核心本质内涵是自由人。人创造自我的存在即为自由人。人本身是价值的根本对象,人即价值本体,人的行为即价值源泉,人的发展即为价值结果。人的发展是人的内在矛盾与外在矛盾的统一发展,是人的意识与人的生命的整体发展,也是人与自然的整体发展,即人内在的自我创造及外在以自然的创造的统一。

价值观(values)

一个人对周围的客观事物(包括人、事、物)的意义、重要性的总评价和总看法。一方面表现为价值取向、价值追求,凝结为一定的价值目标;另一方面表现为价值尺度和准则,成为人们判断价值事物有无价值及价值大小的评价标准。个人的价值观一旦确立,便具有相对稳定性。但就社会和群体而言,由于人员更替和环境的变化,社会或群体的价值观念又是不断变化着的。传统价值观念会不断地受到新价值观的挑战。对诸事物的看法和评价在心目中的主次、轻重的排列次序,构成了价值观体系。价值观和价值观体系是决定人的行为的心理基础。

进化的伦理学(evolutionary ethics)

西方伦理学中用生物进化论立场解释道德的起源、本性和使命的一种伦理自然主义派别。这一派别的奠基人是斯宾塞(Herbert Spencer,1820—1903),他把道德看成是包括整个生物界在内的进化过程在他的那个适应人类社会的阶段上的发展形式。他把善规定为"更为发展的东西",而把恶规定为"更不发展的东西"。斯宾塞的思想在20世纪资产阶级伦理学中,在美国新实证论者 E. B. 霍尔特(Edwin B. Holt,1873—1946)、英国哲学家 J. 赫胥黎(Julian Huxley)和 C. 沃丁顿(Conrad Waddington)、法国神学家和古生物学家 T. 查尔丁(Teilhard de Chardin)的学说中得到了发展。在这个派别的道德理论的全部发展中,把它们统一起来的是这样一条共同的方法论原则:道德不是被看做特殊的社会现象,而是生物进化过程的一种表现;它的一定的阶段似乎就是社会的历史。从这种观点看来,人是发展得最高的和社会化的生物,道德则是社会在其进化过程中制定出来的而被人用作适应环境的武器的条件反射系统。例如霍尔特就根本否认道德的社会性质。从他的观点看来,善和义务的概念乃是人在真正的实现过程中确定目标的手段;它们似乎帮助人们在自己的行动中实现有机进化的要求,帮助他们根据外部环境采取行动。在另一些进化论的伦理学理论中,生物意义表现得不是这么明显,而是表现为从进化的生物学的科学理论资料中借用方法论和概念。进化的伦理学的拥护者们在解释道德时常常反对主观主义和极端的相对主义,他们企图按照自己的方式利用自然科学的材料寻找道德的客观基础。整个说来,这种理论可以算作庸俗的机械论的理论,不过其中也常常有一些客观唯心主义的、弗洛伊德主义的和行为主义的因素。

进化论(theory of evolution)

关于生物由无生命到有生命,由低级到高级,由简单到复杂逐步演变过程的学说。随着进化论的发展,产生了现代综合进化论,而当今演化学绝大部分以查尔斯·达尔文的演化论为主轴,已为当代生物学的核心思想之一。现代进化论的主要观点:1. 种群是生物进化的基本单位;2. 突变为生物进化提供材料;3. 自然选择主导着进化的方向;4. 隔离是物种形成的必要条件。

《京都议定书》(*Kyoto Protocol*)

《联合国气候变化框架公约》(*United Nations Framework Convention on Climate Change*, UNFCCC)的补充条款。1997 年 12 月在日本

京都由联合国气候变化框架公约参加国三次会议制定的。其目标是"将大气中的温室气体含量稳定在一个适当的水平,进而防止剧烈的气候改变对人类造成伤害"。

经济伦理(business ethics)

经济伦理在西方是一个意义相当宽泛的用语。经济伦理指的是直接调节和规范人们从事经济活动的一系列伦理原则和道德规范,是和人们的经济活动紧密地结合在一起并内在于人们经济活动中的伦理道德规范。其范围涵盖了生产、分配、交换与消费这一经济运作的全过程,其问题既涉及微观层面从事经济活动的个人,更涉及中观的企业组织和宏观的政治经济体制。经济伦理中的"经济"两字表明了它和一般伦理道德的区别,"伦理"两字表明了它和一般伦理道德的联系。经济伦理是人类劳动所具有的社会性质发展到一定历史阶段的必然产物。人类劳动最初是在血缘关系为纽带的社会群体中进行的,氏族、家庭、家族就是按照血缘关系来组织生产、分配、消费的最初单位,是一种为自身消费而进行生产劳动的自然经济。奴隶经济、封建经济仍然是一种自然经济,不过是建立在对奴隶、农民的剥削的基础上而已。在自然经济中,生产关系并没有从血缘关系、家庭关系中分离出来,因而也不存在独立的经济伦理规范。随着商品交换的出现和发展,劳动的社会性质获得了新的存在形式,即不是为了自身直接消费而是为了商品交换而进行的生产劳动,在商品交换过程中形成了不同于血缘关系、家庭关系的生产关系、经济关系,于是出现了对这种关系加以规范的必要性。因此经济伦理是商品经济的产物,也承担着调节和处理商品经济各种内在矛盾的使命和功能。

精准农业（Precision Agriculture）

精准农业是当今世界农业发展的新潮流,是由信息技术支持的根据空间变异,定位、定时、定量地实施一整套现代化农事操作技术与管理的系统,其基本含义是根据作物生长的土壤性状,调节对作物的投入,即一方面查清田块内部的土壤性状与生产力空间变异,另一方面确定农作物的生产目标,进行定位的"系统诊断、优化配方、技术组装、科学管理",调动土壤生产力,以最少的或最节省的投入达到同等收入或更高的收入,并改善环境,高效地利用各类农业资源,取得经济效益和环境效益。

竞争排斥原理（competitive exclusion principle）

种间竞争的结构出现不等性或不对称性,即一个种被另一个种完全排挤掉,或是一个种被迫使另一个种占据不同的空间位置和利用不同的食物资源等,即发生生态分离,这在生态学上称作高斯竞争排斥原理,即生态学(或生态位)上相同的两个物种不可能在同一地区内共存。如果生活在同一地区内,由于激烈竞争,它们之间必然出现栖息地、食性、活动时间或其他特性上的分化。

敬畏生命（reverence for life）

敬畏生命,是阿尔贝特·史怀泽生命伦理学思想的基石,以生命意志为逻辑出发点,强调爱与公正对于生命价值的重大意义。史怀泽把伦理的范围扩展到一切动物和植物,认为不仅对人的生命,而且对一切生物和动物的生命,都必须保持敬畏的态度。"善是保持生命、促进生命,使可发展的生命实现其最高的价值,恶则是毁灭生命、伤害生命,压制生命的发展。这是必然的、普遍的、绝对的伦理原则。"只涉及人对人关系的伦理学是不完整的,从而也不可能具有充分的伦理动能。只有当人类认为所有生命,包括人的生命和一切生物的生命都是神圣的时候,他才是伦理的。人的存在不是孤立的,他有赖于其他生命和整个世界的和谐。人类应该意识到,任何生命都有价值,我们和它不可分割。"原始的伦理产生于人类与其前辈和后裔的天然关系。然而,只要人一成为有思想的生命,他的'亲属'范围就扩大了。"有思想的人体验到必须像敬畏自己的生命意志一样敬畏所有的生命意志,他在自己的生命中体验到其他生命。史怀泽指出,对一切生命负责的根本理由是对自己负责,如果没有对所有生命的尊重,人对自己的尊重也是没有保障的。任何生命都有自己的价值和存在的权力,谁习惯于把随便哪种生命看做没有价值的,他就会陷于认为人的生命也是没有价值的危险之中。对非人的生命的蔑视最终会导致对人自身的蔑视,世界大战的接连出现就是明证。敬畏一切生命是美好的理念,但人的存在是现实的,人不可能对一切生命都同等对待,为了人的生存,人常常要消灭一些生命。是否应区分生命的价值序列呢? 史怀泽的回答是否定的,他说:"敬畏生命的伦理否认高级和低级的、富有价值和缺少价值的生命之间的区分。"在生活中,人们会不由自主地依据与人的关系确定不同生命的价值,这种区分尺度完全是主观的。依据这一思路,我们必然会得出这样的结论:存在着没有价值的生命,压迫以至完全毁灭某些生命是被允许的。史怀泽提出,依据这种理论,在一定条件下,一个昆虫和一个原始部落可能都被看做是没有价值的。史怀泽对近代欧洲的世界观提出了尖锐的批评,他认为欧洲近代思想的根本错误是肯定世界、人生和伦理,但并未真正理解其内在联系,使世界成为生命意志自我分裂的残酷战场:一部分生命只有通过毁灭其他生命才能持续下来。这些思想对我们理解今天的世界形势仍然有启发意义。(参"**史怀泽,阿尔贝特**"条)

卡逊,蕾切尔·路易斯(Rachel Louise Carson,1907—1964)

卡逊诞生于美国宾夕法尼亚州匹兹堡市泉溪镇一条乡间小河畔的农舍里。慈祥的母亲将对生命和自然的热爱连同对这个未来的科学家的期望一同留给了她。这种热爱与她的文学天赋一道,在她小学和中学期间就显露出来。1929年,她从宾夕法尼亚女子学院毕业,进入伍兹霍尔海洋生物实验室学习。1932年她在约翰·霍普金斯大学获得动物学硕士学位。在美国经济大萧条时期,她受雇于美国渔业局并为《巴尔的摩太阳报》撰写科学史方面的文章。1936年,她开始了长达15年的在美国渔业与野生动物管理委员会(FWS)工作的生涯,她在这个机构中被提升为出版物主编。蕾切尔·卡逊在美国渔业和野生动物管理委员会期间写了大量的关于环境保护方面的文章并编辑了许多科学文献。在她闲暇的时间内,她将在这个政府机构所进行的研究成果改写成抒情散文,第一篇是《海洋下面》(Undersea),发表在1937的《大西洋月刊》上。随后她写了著名作品《在海风的吹拂下》(Under the Sea-Wind,1941)。1952年,她的传世之作《我们周围的海洋》(The Sea Around Us)出版,在受到一些著名出版社的拒绝后出版,引起轰动,被翻译成32种文字在世界各国出版发行,并于同年获得美国国家科学技术图书奖和伯洛兹自然科学图书奖。1955年她又出版了《海之边缘》(The Edge of the Sea),此书与国家图书奖擦肩而过。这些作品构成了关于海洋的传记并使卡逊成为著名的科普作家。1952年,卡逊从政府机构辞职开始了她的专业写作生涯。作为当时已经是一位有世界影响的科学家,她能够得到著名的生物学家、化学家、病理学家和昆虫学家的帮助,她掌握了许多由于杀虫剂、除草剂的过量使用,造成野生生物大量死亡的证据,但她以更文学化的、更生动的方式写出来,这就是《寂静的春天》(Silent Spring)。写这本书她用了4年时间,其间她得了乳腺癌。这本书尚未出版,她就受到了以杀虫剂等化工产品生产商为首,和受到农业部支持的各种媒体的攻击,骂她是"一个歇斯底里的妇女"。1962年《寂静的春天》正式出版后,许多大公司施压要求禁止这本书的发行,但没有成功,反而在社会上引起更大的反响,卡逊收到了几百封要求她去演讲的请柬,这本书成为美国和全世界最畅销的书,蕾切尔·卡逊被视为"环境运动的先驱"。(参"**《寂静的春天》**"条)

康德,伊曼努尔(Immanuel Kant,1724—1804)

德国哲学家、天文学家、星云说的创立者之一、德国古典哲学的创始人,唯心主义、不可知论者,德国古典美学的奠定者。他被认为是对现代欧洲最具影响力的思想家之一,也是启蒙运动最后一位主要哲学家。康德的"三大批判"构成了他的伟大哲学体系,它们是:《纯粹理性批判》(1781)、《实践理性批判》(1788)和《判断力批判》(1790)。《纯粹理性批判》要回答的问题是:我们能知道什么?康德的回答是:我们只能知道自然科学让我们认识到的东西,哲学除了能帮助我们澄清使知识成为可能的必要条件,就没有什么更多的用处了,自从柏拉图以来的形而上学问题其实是无解的。对于康德来说,要想回答我们能知道什么这个问题,就要首先看看认识者和被认识者之间的关系如何。古典哲学中的真理被看成是语言与事物的一致相应,康德问道:这种一致如何才成为可能?事物是具体的和物化的,而语言是抽象的,这两种东西怎么会一致?实际上人的感知提供的只是物体的某些特性,如质量、体积、形状、数量、重量、运动速度等,没有这些特性,我们就无法对物体展开想象。这是物体的主要特性。物体还有其他从属特性,如颜色、声音、味道和温度感觉等,这些从属特性虽然是物体的一部分,但是人们可以进行不同的想象。例如我们可以把一张蓝色的桌子想象成绿色的桌子。这种主要特性和从属特性的区别让人进一步问:外部世界真实状况究竟是什么?因为如果我对物体的某些特性可以进行不同的想象,也就是说这些特性似乎只在我的感知中存在,我怎样才能肯定世界只不过是存在于我的头脑当中?因此,语言与事物的一致(真理)似乎只有在人的头脑中才成为可能。这当然是令人绝望的极端怀疑主义。如果人们不甘于接受这一观点该怎么办?也许一种我们无法认知的外部世界确实存在,那我们又该怎么办?康德以前,哲学家对这一问题的回答就是把这一问题推给上帝:我们的思想与外部世界一致,因为这是上帝愿意这样安排的。但问题是:我们怎么知道上帝让我们看到的事物就是事物的本来面目?康德把这个问题彻底给颠倒了。在此之前,人们让认识向外部事物看齐,而康德说,如果我们颠倒一下,让事物向我们的认识看齐,该会如何?康德把这一思维方法与哥白尼的"日心说"相比较:哥白尼以前,人们认为一切星球围着我们地球转,哥白尼却说,我们地球是在围着其他星球转。康德带来了哲学上的哥白尼式转变。他说,不是事物在影响人,而是人在影响事物。是我们人在构造现实世界,在认识事物的过程中,人比事物本身更重要。康德甚至认为,我们其实根本不可能认识到事物的真性,我们只能认识事物的表象。康德的著名论断就是:知性为自然立法。他的这一论断与现代量子力学有着共同之处:事物的特性与观察者有关。在《纯粹理性批判》中,康德研究了人类感知的形式,即空间和时间。存在于时间和空间里的物质被人类的理解力加工为经验,而康德把人类理解力的形式称为"(绝对)范畴",这些人类理性的形式中包括人们对灵魂、世界和上帝的设想,康德把它们理解为某种制约原则,人们的经验世界就是通过这些原则得以构造。《纯粹理性批判》研究的是人类如何认识外部世界的问题,而康德1788年发表的《实践理性批判》要回答的问题是伦理学的问题:我们应该怎样做?简单化地说,康德告诉我们说:我们要尽我们的义务。但什么叫"尽义务"?为了回答这一问题,康德提出了著名的"(绝对)范畴律令":"要这样做,永远使得你的意志的准则能够同时成为普遍制定法律的原则。"康德认为,人在道德上是自主的,人的行为虽然受客观因果的限制,但是人之所以成为人,就在于人有道德上的自由能力,能超越因果,有能力为自己的行为负责。《判断力批判》要回答的问题是:我们可以抱有什么希望?康德给出的答案是:如果要真正能做到有道德,我就必须假设有上帝的存在,假设生命结束后并不是一切都结束了。《判断力批判》中,康德关心的问题还有人类精神活动的目的、意义和作用方式,包括人的美学鉴赏能力和幻想能力。虽然康德大部分著作都很艰涩,读他的书需要勇气,但要研究哲学,康德却是无法回避的一座高峰。他对德意志心灵的影响非常巨大。

科尔曼,丹尼尔(Daniel A. Coleman)
美国绿党运动北卡罗来纳州分部的创立者,曾参与全美绿党纲领的制定。在北卡罗来纳州查伯来希尔地区,他曾以绿党候选人和环保积极分子的身份参与当地的竞选活动,他还是查伯希尔地区基层报纸《多棱镜》的创办人。其《生态政治:建设一个绿色社会》(*Ecopolitics*:*Building a Green Society*)的主题是生态政治的可能性、必要性。该著作提出了环境危机的罪责究竟该由谁来承担、我们这颗星球的拯救之路在何方等一系列问题。指出环境灾难的深层原因深深扎根于人类事务的政治之中,化解之道自然也在其中。我们可以让环境破坏的过程发生逆转,通过确立生态责任、参与性民主、环境正义、社区行动等价值观,生态型政治战略是可以行之有效的,可持续社会绝非虚无缥缈、无从实现。

可持续发展(sustainable development)

可持续发展的概念最先是于1972年在斯德哥尔摩举行的联合国人类环境研讨会上正式讨论。这次研讨会云集了全球的工业化和发展中国家的代表,共同界定人类在缔造一个健康和富生机的环境上所享有的权利。1980年国际自然保护同盟的《世界自然资源保护大纲》:"必须研究自然的、社会的、生态的、经济的以及利用自然资源过程中的基本关系,以确保全球的可持续发展。"1981年,美国莱斯特·布朗(Lester R. Brown)出版《建设一个持续发展的社会》(*Building a Sustainable Society*),提出以控制人口增长、保护资源基础和开发再生能源来实现可持续发展。1987年,世界环境与发展委员会出版《我们共同的未来》报告,将"可持续发展"定义为:"既能满足当代人的需要,又不对后代人满足其需要的能力构成危害的发展。"可持续发展是一个密不可分的系统,既要达到发展经济的目的,又要保护好人类赖以生存的大气、淡水、海洋、土地和森林等自然资源和环境,使子孙后代能够永续发展和安居乐业。可持续发展的核心是发展,但要求在严格控制人口、提高人口素质和保护环境、资源永续利用的前提下进行经济和社会的发展。发展是可持续发展的前提;人是可持续发展的中心体;可持续长久的发展才是真正的发展,使子孙后代能够永续发展和安居乐业。(参"**布伦特兰,格罗·哈莱姆**"、"**《我们共同的未来》**"条)

孔德,奥古斯特(Auguste Comte,1798—1857)

法国哲学家,实证论创始人。孔德的伦理学观点主要展现在其重要作品《实证哲学教程》(1830—1842)中。孔德根据科学发展的三个阶段,即神学阶段、形而上学阶段和实证阶段,把社会发展也分为三个同名的阶段。在孔德看来,社会历史中所发现的规律性,使政治有可能变为摆脱革命批判精神而自由的"积极的"科学。孔德认为,伦理学规律反映着人类生活团结一致这种永恒的条件。道德的基础不是以长期的社会联系为前提的利益,而是社会本能,或是对社会生活的爱好,这种爱好建立在感情的基础上,而不依赖于个人利益。孔德自己也承认,这个观点来源于苏格拉底学派的道德学家休谟和亚当·斯密。孔德从实证主义哲学学说得出义务的概念和把单个的个人看做人类一员的观点,人类行为的规则不是由个人的利益,而是由事物的共同秩序所决定的,孤立的个人只是一个抽象的概念;现实生活中是在作为最初的社会机体的家庭中开始的。个人生活中占优势的是个人本能,而在家庭生活中则是同情,它使理性摆脱利己主义倾向,教诲个人学会为他人生活,在社会生活中理智的能力占优势。只有社会本能才能达到自由发展和作为它的结果的内心的满足,这种满足既不靠赞扬,又不靠奖赏。依据属于社会机体这样一种感情,人认识到个人行为对整个社会的作用。于是人身上就发展出最崇高的特点和自然的爱好,而坏的本能不是衰亡,就是开始为社会福利服务。最高的道德观念是人类观念,人类观念的发展受个人力量和社会力量联合作用的制约。孔德所创立的"人类宗教"提出"爱"作为社会共同生活的原则,提出"秩序"作为这种生活的基础,提出"进步"作为它的目的。孔德的伦理学同进化论的思想紧密联系着,他认为社会发展道路上的主要困难不是政治上的困难,而是道德上的困难。只有思想的进步和风尚的改善才能排除它们。

孔子(Confucius,公元前551—前479)

名丘,字仲尼,汉族,东周时期鲁国陬邑人。中国春秋末期的思想家和教育家,儒家思想的创始人。孔子集华夏上古文化之大成,在世时已被誉为"天纵之圣"、"天之木铎",成为当时社会上的最博学者,被联合国教科文组织评选为"世界十大文化名人"之首。相传曾修《诗》《书》,订《礼》《乐》,序《周易》,撰《春秋》。他一生从事传道、授业、解惑,被中国人尊称"至圣先师,万世师表"。孔子弟子及其再传弟子把孔子的言行语录和思想记录下来,作成《论语》。它以语录体和对话文体为主,记录了孔子及其弟子言行,集中体现了孔子的政治主张、伦理思想、道德观念及教育原则等。在天道观上,孔子不否认天命鬼神的存在,主张依照礼仪和本分行事,"敬鬼神而远之"。孔子精通《周易》,据说《十翼》即其所作。其核心思想是"礼"与"仁",在治国的方略上,他主张"为政以德",用道德和礼教来治理国家是最高尚的治国之道。这种治国方略也叫"德治"或"礼治"。孔子也是中国古代突破对自然山水宗教式态度的第一人,提出了"智者乐水,仁者乐山"(《论语·雍也》)的著名美学命题。孔子和儒家思想对中国和朝鲜半岛、日本、越南等地区有深远的影响,这些地区又被称为儒家文化圈。(参"**仁**"、"**儒家**"条)

快乐主义(Hedonism)

伦理思想史上广泛用来论证道德、解释道德本质与目的的一种方式。快乐主义把各种道德要求的全部内容归结为一个共同目的——得到快乐和避免痛苦。这个目的被视为人的主要动因,这个动因是自然使人养成的,而且它归根结蒂决定人的一切举动。作为要人们去追求尘世快乐的一种道德原则,快乐主义是同禁欲主义相对立的。在古代希腊,德谟克里特和亚里提卜是伦理学中提出快乐主义原则的最初两位哲学家。伊壁鸠鲁由于自己对快乐主义的论证而最为著名,道德理论中的整个流派——伊壁鸠鲁主义就同他的名字联系在一起。在中世纪时代,基督教会的思想家们激烈地谴责快乐主义,认为尘世的快乐是有罪的。18世纪在反对宗教的道德观的斗争中,常常采用快乐主义道德观。以后,快乐主义原则在功利主义中得到了最充分的体现。在古代和近代,快乐主义整个看来在伦理学中起了进步的作用,因为它坚持反对宗教道德,并试图从唯物主义立场解释道德。

拉马克主义(Lamarckism)

又称用进废退论(law of use and disuse),生物进化学说之一,为法国博物学家拉马克(J. B. Lamarck)所创立。1809年,拉马克在其代表作《动物学哲学》一书中,系统提出了他的生物进化思想,标志着拉马克主义的形成。他认为生物进化遵循两条法则:用进废退法则;获得性状遗传法则。主要观点是:1. 物种是可变的,物种是由变异的个体组成的群体。2. 在自然界的生物中存在着由简单到复杂的一系列等级(阶梯),生物本身存在着一种内在的"意志力量"驱动着生物由低的等级向较高的等级发展变化。3. 生物对环境有巨大的适应能力,环境的变化会引起生物的变化,生物会由此改进其适应;环境的多样化是生物多化的根本原因。4. 环境的改变会引起动物习性的改变,习性的改变会使某些器官经常使用而得到发展,另一些器官不使用而退化,在环境影响下所发生的定向变异,即后天获得的性状,能够遗传。如果环境朝一定的方向改变,由于器官的用进废退和获得性遗传,微小的变异逐渐积累,终于使生物发生了进化。

老子(约公元前571—前471)

字伯阳,谥号聃,又称李耳。楚国苦县厉乡曲仁里(一说今河南鹿邑,另说安徽涡阳)人。曾作过周朝"守藏室之官"(管理藏书的官员),我国最伟大的哲学家和思想家之一,被道教尊为教祖,世界文化名人。老子的思想主张是"无为",《老子》以"道"解释宇宙万物的演变,"道"为客观自然规律,同时又具有"独立不改,周行而不殆"的永恒意义。《老子》中包括大量朴素辩证法观点,如以为一切事物均具有正反两面,"反者道之动",并能由对立而转化,"正复为奇,善复为妖","祸兮福所倚,福兮祸之所伏"。又以为世间事物均为"有"与"无"之统一,"有、无相生",而"无"为基础,"天下万物生于有,有生于无"。"天之道,损有余而补不足,人之道则不然,损不足以奉有余";"民之饥,以其上食税之多";"民之轻死,以其上求生之厚";"民不畏死,奈何以死惧之?"。其学说对中国哲学发展具有深刻影响,其内容主要见《老子》这本书。他的哲学思想和由他创立的道家学派,不但对我国古代思想文化的发展作出了重要贡献,而且对我国 2000 多年来思想文化的发展产生了深远的影响。

利奥波德,奥尔多(Aldo Leopold,1887—1948)

  美国著名生态学家和环境保护主义的先驱,被誉为"美国新环境理论的创始者"、"生态伦理之父",被称为"美国的先知","一个热心的观察家,一个敏锐的思想家,一个造诣极深的文学巨匠"。1887 年,利奥波德出生在美国衣阿华州伯灵顿城的一个德裔移民之家。父亲为一课桌商人,祖父是园艺设计师。1906 年,他成为耶鲁大学林业专业的研究生。毕业后,他作为联邦林业局的职员被派往亚利桑那和新墨西哥当了一名林业官。1912 年,利奥波德升迁为新墨西哥北部的卡森国家森林的监察官。1915 年他被派往西南部工作,在西南部工作期间,利奥波德注意到了西南部的土壤侵蚀问题。1924 年,他受林业部门的调遣,又到设在威斯康星州麦迪逊市的美国林业生产实验室担任负责人,他于 1928 年离开林业局。利奥波德把兴趣转移到了自己更为关心的野生动物研究上。在获得一些赞助后,他前往美国中部和北部的一些州从事野生动物考察工作,并写出了《野生动物管理》。利奥波德也被公认为是野生动物管理研究的始创者。1933年,利奥波德成为威斯康星大学农业管理系的教授,他渐渐形成了一套完整的大地生态观念和大地道德观念。1935年,他与著名的自然科学家罗伯特·马歇尔一起创建了"荒野学会",宗旨是保护和扩大面临被侵害和被污染的荒野大地以及荒野上的自由生命。利奥波德应邀担任学会主席。利奥波德长期从事林学和猎物管理研究。《沙乡年鉴》是他最著名的著作。这是一本随笔和哲学论文集,是他一生观察、经历和思考的结晶。《土地伦理》是其中最有代表性的一篇。(参**"大地伦理学"**、**"《沙乡年鉴》"**条)

利己主义(egoism)

从人对社会和他人的态度的观点说明人的特点的一种生活原则和道德品质;它意味着在选择行为方式时宁愿把自己的利益摆在社会利益和周围人们的利益之前,它是个人主义最公开的表现。作为道德品质,在人类道德意识的历史上,利己主义通常得到否定的评价,不过有时这个概念中也有某种积极的意义。作为广泛流行的社会现象,利己主义是在原始集体制关系解体之后同私有财产一起产生的。它在资本主义社会中获得特殊的意义,这时私有制关系达到最高程度的发展。资产者一方面在自己心中培植利己主义,另一方面把自己积累财富的行为看成是他造福于社会的善举。在这个基础上甚至产生了关于利己主义有益性的伦理学理论。这一理论认为,人在自己的行动中只能以个人利益为指导,它把利己主义说成是道德行为的决定性原则。在利己主义理论中,可以分出两个方面:一是关于人的本性的哲学学说,它认为人生下来就想得到快乐和避免痛苦,追求自己的切身利益;二是关于人们在自己的道德活动中应该遵循个人利益的道德学说。关于人是天生的利己主义者和关于一切德行都应该以此为依据的思想,早在古代哲学中就以各种形态出现过。这些观点在17—18世纪的斯宾诺莎(Spinoza)伦理学理论中得到了最充分的表现。

利他主义(altruism)

即要求一个人抑制自己的利己主义,无私地为"邻人"服务,准备为他人利益而牺牲自己利益的一种道德原则。这个术语是法国哲学家和社会学家孔德引进伦理理论的。孔德把这个原则作为自己伦理学体系的基础。他认为要在道德上使得社会完善,可以通过培养人们的利他主义这样一种特殊的社会情感来达到,这种情感会对抗他们的利己主义。人从本性上说是利己主义者,可以通过对人进行道德教育来克服其"天然的"倾向性,因此不是通过改造社会关系的途径,而是在个人自我完善的基础上,来克服人们利益之间的对立性。

利益(interest)

人(阶级、整个社会)对他所需要的任何对象的一种目的明确的态度。利益依赖于人的存在条件,反映着人生对周围世界一定对象的需要。人通过有目的的活动生产、掌握和占有(使用)自己的利益所需要的对象。利益在人的心理中表现为动机,表现为调整人的行动的意志冲动。在社会学中人们的利益被看做一些社会集团和某些个人的活动的动力(社会利益、阶级利益和个人利益),这些利益就反映这些集团和个人的社会关系。

梁从诫(1932—2010)

男,祖籍广东新会,出生于北京市。祖父梁启超,父亲梁思成,母亲林徽因。曾任全国政协委员、全国政协常委,全国政协人口、资源、环境委员会委员,民间环保组织"自然之友"创办人、会长。1999年,获中国环境新闻工作者协会和香港地球之友颁发的"地球奖",以及国家林业局颁发的"大熊猫奖"。2010年10月28日下午4时,在北京病逝,享年79岁。(参"**自然之友**"条)

刘思华(1940—)

男,湖北云梦人,中共党员,中南财经政法大学可持续发展经济研究所所长、教授、博士生导师。我国著名生态经济学家,长期从事社会主义经济理论研究与教学。从20世纪80年代初期起转向新兴经济学研究与教学,曾协助主编了《生态经济学》一书,为中国生态经济学理论体系的建立倾注了大量的心血;出版了个人专著《理论生态经济学若干问题研究》(荣获全国高校首届人文社会科学优秀成果二等奖)。90年代以来,生态经济协调可持续发展成为其研究与教学的主要方向。创立了可持续发展经济理论的新学说,这是对主流经济学的传统经济发展思想的哥白尼式革命。主要表现在:1997年3月发表的《对可持续发展经济的理论思考》;同年10月出版的《可持续发展经济学》;2000年1月出版的《刘思华选集》;2002年2月出版的《经济可持续发展论丛》(共10卷)。在《经济研究》《中国社会科学》《光明日报》等数十种重要报刊发表论文270多篇,出版专著 20 多部，主持国家社科基金"八五"、"九五"重点课题和一般课题以及省级重点项目和部、省、自治区级社科项目共 7 项，其中获国家级、自治区、省级和中国社会科学院社科优秀成果奖 10 项。在学科建设方面，于 1998 年和 2000 年牵头向国务院学位委员会成功申报了人口、资源与环境经济学硕士点和博士点，于 2002 年设立本学科博士后流动工作站，从而形成了完整的人口、资源与环境经济学专业研究生人才培养体系。

6·30 生态日

即浙江生态日。2010 年 6 月 30 日，浙江省委十二届七次全会审议通过的《中共浙江省委关于推进生态文明建设的决定》，提出了设立"浙江生态日"的要求。受省人大常委会主任会议委托，省人大环资委多次与浙江生态建设工作领导小组办公室沟通，并广泛征求各方意见。2010 年 9 月 30 日，浙江省第十一届人民代表大会常务委员会第二十次会议决定，每年 6 月 30 日为浙江生态日。这是中国首个省级生态日。浙江省生态文明建设起步较早，环保意识浓厚，自下而上，蔚为风尚。不仅设立省级生态日，还设有县级、甚至村级生态日：1."3·25 安吉生态日"（2003）。2003 年 3 月 3 日民进安吉总支向安吉县"两会"递交提案，要求设立"生态日"。2003 年 9 月 13 日县人大常委会通过设立生态日的决定，每年的 3 月 25 日为安吉人民的生态节日。2004 年的这一天，安吉人民度过第一个生态日。同年，由中国美术学院精心设计并建造的"生态日"永久性标志，在县城生态广场设立。2."4·15 大淤村生态日"（2004）。2004 年，开化县马金镇大淤村决定将每年的 4 月 15 日确定为本村的"生态日"，在全国首创了"村级生态日"。3."5·5 武义县生态日"

(2006)。4."5·5开化县生态日"(2009)。5."4·7庆元县生态日"(2011)。如此密集设立生态日,在全国绝无仅有。

陆地生态系统(terrestrial ecosystem)

特定陆地生物群落与其环境通过能量流动和物质循环所形成的一个彼此关联、相互作用并具有自动调节机制的统一整体。地球陆地表面由陆生生物与其所处环境相互作用构成统一体。这一系统占地球表面总面积的1/3,以大气和土壤为介质,生境复杂,类型众多。按生境特点和植物群落生长类型可分为森林生态系统、草原生态系统、荒漠生态系统、湿地生态系统以及受人工干预的农田生态系统。该系统的第一性生产者主要是各种草本或木本植物,消费者为各种类型的草食或肉食动物。在陆地的自然生态系统中,森林生态系统的结构最复杂,生物种类最多,生产力最高,而荒漠生态系统的生产力最低。

陆九渊(1139—1193)

号象山,字子静,书斋名"存",世人称存斋先生,因其曾在贵溪龙虎山建茅舍聚徒讲学,因其山形如象,自号象山翁,世称象山先生。江西省金溪陆坊青田村人。在"金溪三陆"中最负盛名,是著名的理学家和教育家,与当时著名的理学家朱熹齐名,史称"朱陆"。宋明两代主观唯心主义——"心学"的开山祖。明代王阳明发展其学说,成为中国哲学史上著名的"陆王学派",对近代中国理学产生深远影响。被后人称为"陆子"。陆九渊一生的辉煌在于创立学派,从事传道授业活动,受到他教育的学生多达数千人。陆九渊官位不算显要,学术上也无师承,但他融合孟子"万物皆备于我"和"良知"、

"良能"的观点以及佛教禅宗"心生"、"心灭"等论点,提出"心即理"的哲学命题,形成一个新的学派——"心学"。断言天理、人理、物理只在吾心中,心是唯一实在:"宇宙是吾心,吾心便是宇宙",认为心即理是永恒不变的:"千万世之前,有圣人出焉,同此心同此理也;千万世之后,有圣人出焉,同此心同此理也。"人同此心,心同此理。往古来今,概莫能外。这就把心和理、心和封建伦理纲常等同起来。企图由此证明所谓"天理"即封建等级秩序、封建道德教条,都是人心所固有,是恒久不变的。他认为治学的方法,主要是"发明本心",不必多读书外求,"学苟知本,六经皆我注脚"。

绿党(The Green Party)

全球的绿色革命推动绿党作为一种政治力量在全球崛起。绿党是提出保护环境的非政府组织发展而来的政党。绿党提出"生态优先"、非暴力、基层民主、反核原则等政治主张,积极参政议政,开展环境保护活动,对全球的环境保护运动具有积极的推动作用。世界上最早的绿党是1972年成立的新西兰价值党。绿党在20世纪后半期开始在欧洲扩散,最著名的就是德国绿党。欧洲大部分的国家都有绿党,除了欧洲之外,已经成立绿党的有新西兰、澳大利亚、北美、非洲。而中国台湾绿党成立于1996年1月25日。全球的绿党都有一个特性,就是他们提倡生态的永继生存及社会正义。这使得绿党明显地与传统的资本主义派与社会主义派大不相同。第二个值得注意的特色是绿党是由社会运动的行动者组成的,他们代表了政治上的弱势团体或是少数族群。绿党的四个基本主张:生态永继(Ecological Sustainability)、草根民主(Grass-Root Democracy)、社会正义(Social Justice)、世界和平(World Peace)。简而言之,绿党是社会

运动者的政治延伸。(参"**绿色政治**"条)

绿色和平组织(Greenpeace)

绿色和平是绿色和平组织的简称,属于一个国际性的非政府组织,以环保工作为主,总部设在荷兰的阿姆斯特丹,目前有超过1330名工作人员,分布在30个国家的43个分会之中。绿色和平组织宣称自己的使命是:"保护地球、环境及其各种生物的安全及持续性发展,并以行动作出积极的改变。"不论在科研或科技发明方面,绿色和平都提倡有利于环境保护的解决办法。对于有违以上原则的行为,绿色和平都会尽力阻止。其宗旨是促进实现一个更为绿色、和平和可持续发展的未来。

绿色旅游(green tourism)

绿色旅游的定义有广义和狭义之分。广义的绿色旅游是指具有亲近自然环境或环保特征的各类旅游产品及服务。狭义的绿色旅游是指以保护自然环境、保护生态平衡为前提的远离喧嚣与污染地,亲近大自然,并能获得健康精神情趣的一种时尚旅游,通常指农村旅游,即发生在农村、山区和渔村等的活动。(参"**生态旅游**"条)

绿色政治(green politics)

绿色政治是一个将目标放在生态及环境上的政治思想,透过广泛的、草根式的、参与式的民主制度来达成目标。绿色政治是由绿色运动参与者所提倡,他们从20世纪80年代开始在世界各地成立绿党。"绿色"(Green)翻译自德文的"Grün",是来自于世界上第一个成功的绿党,成立于1970年代晚期的die Grünen。"政治生态学"

则用在欧洲和学术界。绿色政治支持者称为"绿人",分享有关生态运动、保育运动、环境运动、女权运动和和平运动等想法。除了民主和生态议题,绿色政治也关心公民自由、社会正义和非暴力。1972年3月,世界上第一个绿党塔斯马尼亚团结组织(United Tasmania Group)在澳大利亚荷巴特的一场公众集会中成立。1972年5月,价值党(Values Party)在新西兰惠灵顿维多利亚大学的一场会议中成立,这也是世界第一个角逐国会席次的全国性绿党。一年后的1973年,欧洲第一个绿党——英国生态党(Ecology Party)开始运作。德国绿党不是第一个在全国参选的绿党,但他们吸引了最多的媒体的目光。德国绿党在1980年第一次加入全国选举。德国绿党最初是一些诉求未被主要政党重视的公民团体及政治运动的临时联盟。在1979年欧洲选举结束后,他们召开会议,确立了联盟中所有团体都同意作为党纲基础的绿党四大支柱(生态智慧、社会正义、草根民主、非暴力),并将所有团体结合成为单一政党。这份原则声明之后被世界上其他绿党所使用。他们也是第一个在党名中使用绿色和向日葵标志的政党。1980年,绿党在德国联邦议院赢得27席。加拿大第一次踏入绿色政治是在1980年联邦选举,滨海省份的11位独立参选人(包含一位蒙特利尔人和一位多伦多参选人)以小党(Small Party)的名义参加选举。受到舒马克(E. F. Schumacher)《小即是美》(Small is Beautiful)的启发,小党参选人将反核作为这次选举的诉求。虽然他们并未登记为正式政党,但让一些关系者决定在1983年成立加拿大绿党(安大略绿党和不列颠哥伦比亚省绿党也在同年成立)。1995年,芬兰绿色联盟(Green League)是第一个进入内阁的欧洲绿党。接着从1998年到2005年,德国绿党与德国社会民主党组成执政联盟(即"红绿联盟",Red-Green Alliance)。2001年,他们达成协议,逐步终止德国境内使用核能发电,继续维持执政联盟并支持德国总理施罗德出兵 2001 年阿富汗战争。虽然这行为与全球其他绿党并不一致,但这也证明了他们能处理困难的政治交易。2001 年堪培拉全球集会,来自 72 个国家的绿党代表制定了《全球绿色宪章》,定义了六大指导原则(生态智慧、社会正义、参与式民主、非暴力、永续发展、尊重多样性),在全体一致同意下决议成立"全球绿党网络"(Global Green Network, GGN)。全球绿色网络由各绿党代表所组成。在同次决议中,还设立了另一个组织"全球绿党协调"(Global Green Coordination, GGC)。(参"**绿党**"条)

罗尔斯顿,霍尔姆斯(Holmes Rolston 1933—)

美国科罗拉多州立大学杰出哲学教授,国际环境伦理学会与该会会刊《环境伦理学》的创始人,美国国会和总统顾问委员会环境事务顾问,自称"一个走向荒野的哲学家",生态哲学的开拓者和奠基者,撰写了著名的《哲学走向荒野》(*Philosophy Gone Wild*)一书,此外,还有《科学与宗教》《环境伦理学》和《保护价值》等生态文化研究成果。主编过《生物学、伦理学与生命的起源》学术文集;为 50 多本相关领域的学术著作撰写过部分篇章;发表学术论文 70 多篇。他的论著被译为多种文字出版。《哲学走向荒野》中译本由刘耳、叶平译,吉林人民出版社 2000 年出版。(参"**《哲学走向荒野》**"条)

罗马俱乐部(Associazione Sportiva Roma,简称 A. S. Roma)

罗马俱乐部是意大利学者和工业家 Aurelio Peccei、苏格兰科学家 Alexander King 于 1968 年发起成立的。罗马俱乐部发表的报告《增长的极限》(*The Limits to Growth*)引起了公众的关注,这份报告是有关环境问题最畅销的出版物,卖出了3000万本,被翻译成30多种语言。报告发表于1972年,它预言经济增长不可能无限持续下去,因为石油等自然资源的供给是有限的。(参"《增长的极限》"条)

《马丁法令》(*Martin Law*)

1809年,艾斯金爵士在英国国会提出一项禁止残酷对待家畜的提案,该提案虽然在上院获得了通过,但在下院被否决。在当时背景下,这样的提案遭到了很多人的嘲笑。此次提案虽然没有通过,却是人类历史上首次把动物当作生命体而非仅仅是个人财产来对待,具有十分重要的意义。1822年,人道主义者查理·马丁提出的《禁止虐待动物法令》在英国国会顺利通过,这部法令也因此被称为《马丁法令》。这是人类历史上第一部保护动物法令,是人类与动物关系史上的一个里程碑。不足的是,《马丁法令》的适用范围还十分有限,该法令禁止人类虐待的动物仅限于大型家畜,而将狗、猫和鸟类等动物排除在外。为弥补"法令"存在的不足,1835年、1849年和1854年英国又相继出台三项增补法案,将《马丁法令》保护动物的范围延伸至"所有人类饲养的哺乳动物和部分受囚禁的野生动物"。为保障这部法令得到很好的执行,1824年,英国成立了专门的动物保护协会——"禁止虐待动物协会"(SPCA)。

马尔萨斯,托马斯·罗伯特(*Thomas Robert Malthus*,1766—1834)

英国人口学家和政治经济学家。他的学术思想悲观但影响深远。在1798年发表的《人口学原理》中,马尔萨斯作出一个著名的预言:人口增长超越食物供应,会导致人均占有食物的减少。《人口学原理》的基本思想是:如没有限制,人口是呈指数速率(即2,4,8,

16,32,64,128…)增长,而食物供应呈线性速率(即1,2,3,4,5,6,7…)增长。只有自然原因(事故和衰老)、灾难(战争、瘟疫及各类饥荒)、道德限制和罪恶(马尔萨斯所指包括杀婴、谋杀、节育和同性恋)能够限制人口的过度增长。马尔萨斯倾向于用道德限制(包括晚婚和禁欲)手段来控制人口增长。然而值得注意的是,马尔萨斯建议只对劳动群众和贫困阶级采取这样的措施。那么根据他的理论,较低的社会阶层对于社会弊病要承担较大的责任。(参"**马尔萨斯灾难**"条)

马尔萨斯灾难(the Malthusian trap)

也称"马尔萨斯陷阱",由托马斯·罗伯特·马尔萨斯(Thomas Robert Malthus)提出,主要指不断增长的人口早晚会导致粮食供不应求。他在1798出版的《人口学原理》中预言:人口增长超越食物供应,会导致人均占有食物的减少,最弱者就会因此而饿死。(参"**马尔萨斯,托马斯·罗伯特**"条)

麦克卢汉,马歇尔(Marshall Mcluhan,1911—1980)

加拿大著名传播学家,文学学者,媒介环境学的开山祖师。被誉为信息社会、电子世界的"圣人"、"先驱"和"先知"。他是20世纪名副其实的传播学大师,是最富有原创性的传播学理论家。他关于"地球村"、"重新部落化"、"意识延伸"的论述,无人能出其右。他对电子时代和赛博空间的预言一个个变成了现实。(参"**地球村**"条)

孟子(Mencius,约公元前372—前289)

名轲,字子舆(一说字子车或子居)。战国时期邹国人。相传孟子为鲁国贵族孟孙氏的后裔。父名激,母邹氏。幼年丧父,家庭贫困,曾受业于孔子的孙子子思。中国古代伟大的思想家,文学家(政治家)。战国时期儒家代表人物之一。孟子继承并发扬了孔子的思想,成为仅次于孔子的一代儒家宗师,被后世尊称为亚圣。其著有《孟子》一书,属语录体散文集。在政治上主张法先王、行仁政,提出"民贵君轻"的民本思想;在学说上推崇孔子,攻击杨朱、墨翟。曾游历于齐、宋、滕、魏、鲁等诸国,希望追随孔子推行自己的政治主张,前后历时二十多年。但孟子的仁政学说被认为是"迂远而阔于事情",而没有得到实行的机会。最后他退居讲学,和他的学生一起,"序《诗》《书》,述仲尼之意,作《孟子》七篇"。

米勒实验(Miller's simulated experiment)

即米勒模拟实验,一种模拟在原始地球还原性大气中进行雷鸣闪电能产生有机物(特别是氨基酸),以论证生命起源的化学进化过程的实验。1953年由美国芝加哥大学研究生米勒(S. L. Miller)在其导师尤里(H. C. Urey)指导下完成,故名。米勒模拟实验的过程:一个盛有水溶液的烧瓶代表原始的海洋,其上部球型空间里含有氢气、氨气、甲烷和水蒸气等"还原性大气"。米勒先给烧瓶加热,使水蒸气在管中循环,接着他通过两个电极放电产生电火花,模拟原始天空的闪电,以激发密封装置中的不同气体发生化学反应,而球型空间下部连通的冷凝管让反应后的产物和水蒸气冷却形成液体,又流回底部的烧瓶,即模拟降雨的过程。经过一周持续不断的实验和循环之后，米勒分析其化学成分时发现，其中含有包括5种氨基酸和不同有机酸在内的各种新的有机化合物，同时还形成了氰化氢（HCN），而氰化氢可以合成腺嘌呤，腺嘌呤是组成核苷酸的基本单位。米勒的实验试图向人们证实，生命起源的第一步，从无机小分子物质形成有机小分子物质，在原始地球的条件下是完全可能实现的。(参"生命起源假说"条)

描述性伦理学(descriptive ethics)

伦理学的一个特殊分支，它对一个社会的道德进行具体社会学和历史的分析。它研究实际存在的风俗、风尚、传统和社会规范的其他形式，研究社会上实行的那些规范的具体内容，研究道德意识的结构和普遍联系的道德观念的社会内容。根据具体的历史材料对社会的道德关系和道德意识的结构进行专门的研究，不仅对再现人类道德的历史，而且对制定道德教育的实际方法以及伦理学某些一般理论问题的解决，都是非常有益的。

民胞物与

语出宋代张载《西铭》："乾称父，坤称母，予兹藐焉，乃浑然中处。故天地之塞，吾其体；天地之帅，吾其性。民吾同胞，物吾与也。"(《正蒙·乾称》)这实际说的就是人与天地万物为一体。张载还说："大其心则能体天下之物。物有未体，则心为有外……圣人尽性，不以闻见梏其心，其视天下无一物非我。孟子谓尽心则知性知天以此。"(《正蒙·大心》)所谓"能体天下之物"之"大心"，也就是一种能破除人与人、人与物之间的隔阂而能体悟人与天地万物为一体的境界。张载在《正蒙·诚明》篇中明确提出了"天人合一"的命题：

"儒者则因明致诚,因诚致明,故天人合一。"由此出发,凡能体悟到人与人之间、人与物之间有息息相通、血肉相连的内在关系的人,便必然能达到"民吾同胞"、"物吾与也"的境界。张载的"民胞物与"之爱,显然不是从血缘亲情推出来的,而是以万物一体为其本体论根源。张载的这种伦理道德思想,既与孟子的"万物皆备于我"有渊源关系,而且还受了道家思想的影响。当然,张载思想中还有差等之爱和等级之分的成分,不过,张载的"民胞物与"之爱,其重点不在于强调爱之差等,而在于强调爱及他人以至爱及于物。我把张载的"民胞物与"之爱称之为"博爱",博爱较之孔子血缘亲情之爱,堪称儒家伦理道德思想发展史上的一个重大突破。(参**"张载"**条)

奈斯，阿恩（Arne Naess，1912—2009）

"深层生态学"（或译"深生态学"）提出者、挪威著名哲学家。在位于挪威海岸山区奥斯陆城（Oslo）的一个富有家庭中长大。童年时的奈斯想象力丰富，总是沉浸于对细小的事物所发生变化的想象中。奈斯出生不满一年父亲就因患癌症过世了。奈斯因与母亲的关系不太融洽，而且两个哥哥的年龄又比他大许多，所以形成他较为孤立的性格。后来他发现与自然相处比与人相处更愉快，而且自然让他感觉自在、亲密，大自然给了他无穷的神往。1933年毕业于挪威奥斯陆大学，之后游学于巴黎、维也纳，一度成为维也纳学派一分子。20世纪60年代，奈斯在美国进行学术访问期间，正值美国环境问题的全国大辩论，由此，奈斯开始对环境问题本身进行深层的反思。作为哲学家，阿恩·奈斯最重要的成就是他在1973年提出的"深层生态哲学"。自20世纪中叶起，环境污染和生态破坏问题为西方各国政府和知识分子所忧虑，在这个背景下，生态运动逐渐成为一个有广泛群众基础的社会运动。阿恩·奈斯之"深层生态学"理论，将生态学发展到哲学与伦理学领域，并提出生态自我、生态平等与生态共生等重要生态哲学理念。特别是生态共生理念更具当代价值，包含人与自然平等共生、共在共容的重要哲学与伦理学内涵。"深层"相对于"浅层"而言，浅层生态运动局限于人类本位的环境和资源保护，深层生态主义者把浅层生态运动视为一种改良主义的环境运动，试图在不变革现代社会的基本结构，不改变现有的生产模式和消费模式的条件下,依靠现有的社会机制和技术进步来改变环境现状。深层生态学认为这种试图减轻人类对环境冲击的努力最终会导致人们寻求用技术方法来解决伦理、社会、政治问题。作为一种激进的环境主义,深层生态学从一开始就以反人类中心主义世界观的姿态出现,而且态度十分鲜明。奈斯指出:"'深层的'强调了我们追问'为什么'、'怎样才能'这类别人不过问的问题……例如,我们为何把经济增长和高消费看得如此重要?通常的回答是指出没有经济增长会产生的经济后果。但是从深层生态学的观点来看,我们对当今社会能否满足诸如爱、安全和接近自然的权利这样一些人类的基本需求提出疑问,在提出疑问的时候,我们也就对社会的基本职能提出了质疑。"所以,阿恩·奈斯说:"我用生态哲学一词来指一种关于生态和谐或平衡的哲学。"虽然阿恩·奈斯的深层生态学理论可以说是一种"反人类"的激进环境主义,但是他也曾反复向媒体或朋友表露出对未来人类可通过成熟技术手段解决一切环境问题的超乐观估计。(参"**深生态学**"条)

耐受性定律(Law of tolerance)
由美国生态学家舍尔福特(Shelford)于1913年提出。耐受性定律指的是,任何一个生态因子在数量上的不足或过多,即当其接近或达到某种生物的耐受极限时,会导致该种生物衰退或不能生存。

内在价值(intrinsic value)
事物本身内在固有的、不因外在于它的其他相关事物而存在或改变的价值。人们通常把这种内在价值分为自在的内在价值(intrinsic value in itself)和自为的内在价值(intrinsic value for itself)。

一个事物或存在状态,当它能够直接给人或有意识的存在带来愉快的体验时,它就可以被认为拥有自在的内在价值。自在的内在价值是指自身对他人他物的价值,因而需要一个有意识的评价者。自为的内在价值则是指一个事物或存在的状态因其内在本性而拥有的价值,也即是对于其自身的价值,有时亦用"内生价值"、"固有价值"或"天赋价值"来表征。一般认为,事物是否具有内在价值,是该事物能否成为道德关怀对象的充要条件。

能量流动(energy flow)

能量通过食物链逐级传递。太阳能是所有生命活动的能量来源,它通过绿色植物的光合作用进入生态系统,然后从绿色植物转移到各种消费者。能量流动的特点是:1.单向流动——生态系统的能量流动只能从第一营养级流向第二营养级,再依次流向后面的各个营养级。一般不能逆向流动。2.逐级递减——生态系统中各部分所固定的能量是逐级递减的,前一级的能量只能维持后一级少数生物的需要,愈向食物链的后端,生物体的数目愈少,这样便形成一种金字塔形的营养级关系。

农田生态系统(ecosystem of cropland)

以作物为中心的农田中,生物群落与其生态环境间在能量和物质交换及其相互作用上所构成的一种生态系统,是农业生态系统中的一个主要亚系统。农田生态系统是人工建立的生态系统,其主要特点是人的作用非常关键,人们种植的各种农作物是这一生态系统的主要成员。农田中的动植物种类较少,群落的结构单一。人们必须不断地从事播种、施肥、灌溉、除草和治虫等活动,才能够使农田生态系统朝着对人有益的方向发展。因此,可以说农田生态系统是在一定程度上受人工控制的生态系统。一旦人的作用消失,农田生态系统就会很快退化;占优势地位的作物就会被杂草和其他植物所取代。

切卜卡运动(Chipko Movement)

切卜卡(Chipko)源自印度语词,意为"拥抱"。切卜卡运动,即抱树运动,指的是印度北部村民的一种环保行为,他们大多是妇女,他们抱着大树不让进行商业性的采伐。这一运动引起经济上、政治上、环境上、女权主义和伦理学上的关注。20世纪70年代早期,两起事件引发后来世界闻名的切卜卡运动。1970年,季风导致喜马拉雅地区发生大洪水和山体滑坡,造成许多人丧生,数百间房屋被毁,庄稼和牲畜都受到严重损失。最严重的破坏发生在山脚下过度采伐的小村子里。由于妇女负责大部分家务活,这些事件对妇女和主要由她们照看的孩子的影响尤其巨大。此前,该地区工人成立了一个合作社,叫Dasholi Gram Swarajya Sangh(DGSS),以促进当地的工业发展并提供就业。DGSS在政府的竞标中要得到采伐当地木材和其他林产品的权利,要把这些资源用到当地的工业发展中去。1973年,政府拒绝了DGSS希望砍掉大约一打的灰树来制造农具的申请,同时却同意某商业公司采伐更多的树来加工体育器材。DGSS抗议这个决定,许多抗议者约定,届时保住树木不让进行商业性采伐。强烈的抗议阻止了任何采伐行动。第二年,政府又宣布拍卖整个地区主要森林的采伐权,也包括热尼(Reni)森林。这一决定再次引起大规模抗议。最近的洪灾和DGSS发生的事件合在一起成为强烈反对大规模商业采伐的因素。在即将按计划采伐的那周,政府安排DGSS领导参加了在另一个地区举行的会议,并邀请热尼(Reni)的男人们到另一城市讨论长期存在的财政问题。当大部分男人离开后，伐木者开进该地进行砍伐。一个叫高拉·戴薇（Gaura Devi）的当地妇女组织村里的女人开赴森林，抗议采伐。最终戴薇及其追随者战胜了伐木者，迫使他们退出森林，没有损失一棵树。热尼事件迫使政府重新考虑其采伐政策。在随后的几年中，切卜卡运动蔓延至其他地区，成功地保护了大量的森林免遭采伐。在这些事件中，妇女继续扮演主要的角色，她们同时也开始更多地参与到政治活动中。

全球变化（global change）

由于人类向环境中排放有害、有毒物质，或人为引起自然生态环境的破坏如砍伐森林、开发湿地、破坏草原等，造成水土流失，由工农业生产、交通运输、城市化等导致大气及水体污染、全球气候变暖、厄尔尼诺现象以及水旱灾害与沙漠化。这些由于人类活动直接或间接造成的全球生态环境的恶性变化，简称全球变化。

全球绿色新政（Global Green New Deal）

全球绿色新政指全球范围内以应对气候变化向低碳经济转型为核心的绿色发展规划，试图通过绿色经济和绿色新政，在新一轮经济发展进程中促进经济转型，实现自身的可持续发展。"绿色新政"（Green New Deal）是由联合国秘书长潘基文在2008年12月11日的联合国气候变化大会上提出的一个新概念，是对环境友好型政策的统称，主要涉及环境保护、污染防治、节能减排、气候变化等与人和自然的可持续发展相关的重大问题。潘基文呼吁全球领导人在投资方面，转向能够创造更多工作机会的环境项目，在应对气候变化方面进行投资,促进绿色经济增长和就业,以修复支撑全球经济的自然生态系统。面对当今世界经济发展的新趋势、新潮流和世界竞争的新格局、新变化,中国必须抓住这一千载难逢的"绿色"机遇,抢占新一轮全球竞争的"制高点",以迎战决定未来国运的全球绿色竞争。(参"**生态足迹**"条)

犬儒主义(Cynicism)
一种道德品质,它表现出对社会文化、对社会精神的、特别是道德的价值的一种蔑视态度。"犬儒主义"产生于古希腊昔尼克哲学学派(公元前四世纪安底斯泰纳创立的;译成拉丁语为"犬儒学派"),他们鼓吹轻视社会文化,人可以完全不依赖社会,返回"大自然"状态。后来把凡是对已经形成的人类文化历史成果进行凌辱,对道德原则进行嘲弄,对人们宝贵的理想进行讥笑,对人的尊严进行蹂躏的言论和行动都称作犬儒主义。行为和信念中的犬儒主义是这样一些人所特有的,即他们用一切可能的手段,其中包括不道德的手段,追求自己利己主义的利益,它也是那些对某种思想失望之后,走向道德上崩溃和思想上空虚的人所特有的,这种犬儒主义往往采取最露骨最反动的形式(法西斯主义、种族主义、暴力崇拜等)。

R

人的权利(Human Rights)

即人权。"人权"一词亦早在古代希腊悲剧作家索福克勒斯(公元前496—前406)的作品中就出现了。古典自然法学认为,人权是人的自然权利,来自于自然法的规定。近代的人权概念,则是由文艺复兴运动的先驱、意大利伟大诗人但丁(1265—1321)首先提出来的。但是在现代,人权概念既十分流行,又非常混乱,人们往往在不同的意义上使用它,用来表述不尽相同、甚至截然相反的主张。正如国外学者赫里曼(Holleman)所言:"人权的神圣名义,不论其可能意味着什么,都能被人们用来维护或反对任何一个事物","人权似乎就是一切,又似乎什么都不是"。有的在道德意义上使用,将人权与人性、人道、自由等概念联系起来;有的在法律意义上使用,将人权与公民权利甚至国家意志等同;有的强调人权中的个人自由和政治权利,以致仅在这一层意义上使用;有的强调经济、社会、文化权利,尤其民族自决权、发展权。之所以如此,乃是因为各个国家、民族、阶级、派别、个人,由于经济利益、发展水平、政治立场、文化背景、价值取向等差异,对人权概念的理解会有所不同;同时,人权概念本身在学术上过于宽泛复杂,对人权及其历史的解释,包含着对政治、经济、法律、哲学、宗教、伦理诸问题乃至整个人类历史的解释。《牛津法律大辞典》认为人权"作为权利,它们被认为是生来就有的个人理性、自由意志的产物,而不仅仅是由实在法所授予的,也不能被实在法所剥夺或取消"。美国伦理学家 A. 格维尔茨(A.

Gewirth)认为,人权是指一种狭义的权利,即主张权。这种权利的结构可以理解为:A 由于 Y 而对 B 有 X 的权利。这里包括 5 个因素:1.权利的主体(A),即有权利的人;2.权利的性质;3.权利的客体(X),即权利指向什么;4.权利的回答人(B),即具有义务的人;5.权利的论证基础和根据(Y)。他认为,在这五个因素问题上,每一个都有争论。很多西方人权学者在分析人权概念时,经常引用美国法学家霍菲尔德(Wesley N. Hohfeld)关于分析法律权利—义务概念的学说。按照霍菲尔德的学说,通常所讲的法律权利这一概念,是极为复杂的,它包括了以下四个概念,即法定的自由、要求(或译主张)、权力和豁免。有的人权学者更进一步认为人权就是伦理的自由、要求、权力和豁免。美国学者杰克·唐纳德(Jack Donald)认为,人权是个人仅仅因为其是人而拥有的权利,但人权是一种"最终诉求",即人仅能在法律或其他方法不能或未能发挥作用时才能求助于人权的保护;同时,人权是道德权利,本质上超越法律的,主要目的是挑战或改变现存实际活动和制度或者规范,尤其法律制度。虽然学界对人权的定义众说纷纭,但就共同的观点而论,有以下两点,其一是大多持有人本主义的思想基础;之所以有人权就因为是人。其二,大多主张人权是一种道德(或伦理)权利。

人口承载力(population carrying capacity)

在一定的时空范围内,某地区所能承载的最大人口数。即在不损害生物圈或不耗尽可合理利用的不可更新资源的条件下,各种资源在长期稳定的基础上所能供养的人口数量。

人口老龄化（Aging of Population）

总人口中因年轻人口数量减少、年长人口数量增加而导致的老年人口比例相应增长的动态。国际上通行的看法是60岁以上人口占总人口比例达到10%或65岁及以上人口占总人口的比例达7%，即意味着这个国家或地区的人口处于老龄化。欧洲人口老龄化现象最为严重，发展中国家年龄结构虽较年轻，但老年人口增长速度在加快。随着社会进步，经济发展，人的平均寿命延长，人口出生率及死亡率下降，必然导致年龄结构的改变，出现人口老龄化问题。人口老龄化对一个国家的经济、社会发展会产生深刻影响。首先劳动力结构老化使劳动力质量降低，劳动生产量难以提高。其次，需要赡养的人口增加，国家必须对社会的福利、救济、保障、医疗服务等方面建立各种设施和制度，以保护老年人的利益。这必然导致国家财政支出加大，加重纳税人负担，妨碍经济健康发展。

人类中心主义（anthropocentrism）

最早可追溯到古希腊哲学家普罗泰戈拉提出的著名命题"人是万物的尺度"。人类中心主义总是作为一种价值和价值尺度而被采用，它是要把人类的利益作为价值原点和道德评价的依据，有且只有人类才是价值判断的主体。因此，人类中心主义强调人对自然的权利，人是宇宙之灵，太阳为人而升，星斗为人而亮，自然为人而存，认为"人是自然的主人"，"人要征服自然"，一切从人的利益出发，一切为人的利益服务。核心观点是：1.在人与自然的价值关系中，只有拥有意识的人类才是主体，自然是客体。价值评价的尺度必须掌握和始终掌握在人类的手中，任何时候说到"价值"都是指"对于人的意义"。2. 在人与自然的伦理关系中,应当贯彻人是目的的思想。3. 人类的一切活动都是为了满足自己的生存和发展的需要,如果不能达到这一目的的活动就是没有任何意义的,因此一切应当以人类的利益为出发点和归宿。人类中心主义的极端化,使它逐渐走向了自然的对立面,导致自然对人类的报复。消除这种报复的途径,就是通过生态文明的道德教育,唤起人们对自然的"道德良知"与"生态良知",使人们认识到:人与自然的关系是息息相通、相互作用、互利共生、和谐共存的有机统一。人有责任、有义务尊重自然界的其他物种存在的权利。享用自然并非人类的特权,而是一切物种共有的权利。人要在维护生态平衡的基础上合理开发自然,规范人类对自然的行为,把人的生产方式、消费方式限制在生态系统所能承受的范围内,倡导在热爱自然、尊重自然、保护自然、维护生态平衡的基础上,改造和利用自然。(参**"反人类中心主义"**条)

仁

"仁"是儒家学说的核心,对中华文化和社会的发展产生了重大影响。"仁"字始见于《尚书·金滕》:"予仁若考。"仁指好的道德。孔子首先把仁作为儒家最高道德规范,提出以仁为核心的一套学说。仁的内容包涵甚广,核心是爱人。仁字从人从二,也就是人们互存、互助、互爱的意思,故其基本含义是指对他人的尊重和友爱。儒家把仁的学说施之于政治,形成仁政学说,这在中国政治思想发展史上产生了重要影响。孟子在孔子仁学说的基础上,提出著名的仁政学说,要求把仁的学说落实到具体的政治治理中,实行王道,反对霸道,使政治清平,人民安居乐业。孟子提出一些切于实际的主张,重点在改善民生,加强教化。其首要之点是"制民之产",要求实行"五亩之宅,树之以桑,五十者可以衣帛矣;鸡豚狗彘之畜,无失其时,七十者可以食肉矣;百亩之田,勿夺其时,八口之家可以无饥矣;谨庠序之教,申之以孝悌之义,颁白者不负戴于道路矣。老者衣帛食肉,黎民不饥不寒,然而不王者,未之有也"。孟子把仁政说与王道政治联系起来,认为人皆有仁爱之同情心,即不忍人之心,主张"以不忍人之心,行不忍人之政,治天下可运之掌上"。行仁政,天下可得到治理;不行仁政,则天下难以治理。孟子认为,即使是百里小国,只要行仁政,天下百姓也会归之而王。行仁政须落实到"省刑罚,薄税敛",发展农业生产等要事上来,只有这样,才能巩固国家经济政治生活的基础,在此基础上,修德行教,使仁爱之心推而广之,即使是坚甲利兵也能战而胜之。强调以仁政统一天下,进而治理天下,提倡以德服人的"王道"政治,反对以力服人的"霸道"政治,批评暴力,反对战争。这是儒家仁政理论的基本出发点。与仁政学说及重视人权,满足人的基本物质生活需求的理论相联系,从政治治理的实践和人的生存发展的实际需要出发,儒家重视民生,主张满足人们求生存的基本物质欲求,并倡富民思想,强调先富后教,使民从善,然后政权得以稳固。孟子说:"无恒产而有恒心者,惟士为能。若民,则无恒产,因无恒心。苟无恒心。放辟邪侈,无不为已。乃陷于罪,然后从而刑之,是罔民也。焉有仁人在位,罔民而可为也?是故明君制民之产,必使仰足以事父母,俯足以畜妻子,乐岁终身饱,凶年免于死亡。然后驱而之善,故民之从之也轻。"儒家认为,民生是治国之本,民以食为天,衣食足,有恒产才有恒心,满足了百姓的衣食需求,国家才能稳固而得到治理。儒家从重视民生出发,倡富民思想。儒家经典《周礼》提出"保息养民"的六项措施:"一曰慈幼,二曰养老,三曰振穷,四曰恤贫,五曰宽疾,六曰安富。"富而安之,体现了儒家早期的富民思想。孔子提出富而教之的思想:"子适卫,冉有仆。子曰:'庶矣哉!'冉有曰:'既庶矣,又何加焉?'曰:'富之。'曰:'既富矣,又何加焉?'曰:'教之。'"使众多的人民生活得到满足而富裕,然后施之以教,使人民有道德。把富民作为施教的前提和基础,可见对富民的重视。孔子还把富民与利民、满足人民的物质生活利益联系起来。他说:"因民之所利而利之。"强调利民、富民、保民、爱民,体察和顺应民心的向背,这是儒家富民思想的特征。孟子还设想,物质财富得到很大的丰富和满足,百姓还有不仁的吗?满足了百姓的生活需求,使之富足,就会使民众达到仁的境界而国安。而民穷则争,争则起暴乱,国难以治。可见民富才能国安,使老百姓安居乐业,民富而国富,是儒家政治思想的基本点。孔子的最高境界是仁,但这不是个人处世的匹夫之仁,而是治理有方为民造福的大仁大义。孔子主张任何人都应该有一种为"仁"的愿望,应该诚心诚意去求"仁",如果这样做了,那么就会得到"仁"。达到"仁"的境界的根源在于自己如何去做,而不是由他人来推动,只有主体自己的主动追求,才有可能达到"仁"的理想境界。表明孔子认为"为仁"是某种自觉的内在情感行为,任何人是无法替代的,只要自己态度端正,就可以实现"仁"的要求。孔子强调在内心的价值观念上首先要明确对"仁"的态度,孔子这种在内心深处对"仁"的价值追求的思想,被后来的孟子引申为"四端说"理论。孔子对"仁"的思想的重视,表明"仁"的思想和学说是孔子整个思想体系的价值核心。从《论语》中孔子论"仁"来看,其价值内涵主要指"仁"的情感性、自得性而言。孔子的思想是一门如何处理人与人、人与社会、人与自我之间关系的学问,是一门关注人的自身发展的学问。孔子所提倡的是人在实际生活中如何达到理想人格的问题,"仁"精神价值的一个重要体现就是"已立立人,已达达人","己所不欲,勿施于人"。孔子认为"仁"就是"爱人"。从理论源头上考察,孔子的"爱人"观点来自周初的"保民"、"敬民"思想。"爱人"作为"仁"的重要精神内涵具有广泛的适用性,在孔子"仁"的价值内涵中,由"爱人"所推导出的一系列内容都深刻体现出孔子对一般社会民众的关注,对整个人类社会发展中实现人与人之间共同和谐发展的关切,这一切都奠定了孔子作为中国乃至世界最伟大思想家的地位。当今时代,孔子所提出的一系列思想仍具有普遍适用性和永恒价值。以博大宽厚的胸怀来爱护民众是"仁"的一种表现方式,即"泛爱众而亲仁"。这首先是自我认知上的一种升华,是自我精神状况的内在反映。"仁"作为价值主体内在精神状态的反映,是实现理想人格过程中不可缺少的东西。只有内心以"仁"的标准严格要求自己,用"仁"的境界来考察自己的思想,才是达到真善美崇高境界的前提条件。孔子"仁"的表现方式还体现在时时处处以人为主,以人为研究和关注的对象,一切围绕"人"的思想行为的发展状况为主要内容。在孔子看来,一个本质上有问题、思想上有邪念的人是不可能达到"仁"的境界的。孔子关于"仁"的学说不是纯粹思辨性的形而上的理论体系,更多的是结合具体行为方式告诉人们应该怎么做,这不是哲学意义上的实践理性的体现,而是对一般民众人格升华、人性解放的终极关怀。孔子还认为:"志士仁人,无求生以害仁,有杀身以成仁。"为了崇高的"仁"的境界,绝不做违背最高道德准则的事,必要的时候要不惜牺牲自己来成就这一事业。以至于"杀身成仁"成为后世一些知识分子报国捐躯的行为准则,多少"仁人志士"在此原则的指引下奋不顾身地为国家、为民族事业而奋斗终生。孔子思想体系中"仁"这一重要概念的内涵是极为丰富的,有内在的如何达到"仁"的境界,有外在的如何实现"仁"的方式方法;小到个人理想人格的培养,大到治理国家的理想社会行为,是一个具有深刻内涵,包括个体及群体生活在内的思想和行为各方面的理想人格修养体系。孔子关于"仁"的思想在今天仍然具有其一定的合理性及适用性,这也是孔子思想的强大生命力之所在。(参"**孔子**"、"**孟子**"、"**儒家**"条)

仁者以天地万物为一体

"万物一体"思想可以远溯到先秦儒、道两家。儒家从"仁民爱物",道家从"道法自然"角度提出了类似的思想。到宋明理学时期,理学家们深刻揭示了万物一体的理念。周敦颐总结出了"人合自然,人事合天事,人道合天道,合则吉,悖则凶"的人与自然和谐共处的原则。张载在著名的《西铭》中说:"乾称父,坤称母,予兹藐焉,乃混然中处。故天地之塞,吾其体;天地之帅,吾其性。民吾同胞,物吾与也。"认为世人皆同胞,万物皆朋友,人与物同以天地为父母,以乾坤之德为生命的根源。人与万物同在天地乾坤之德的创生中同生共长,浑然一体而不可分割。程颢则把人的属性和天地万物的属性视为一体:"仁者以天地万物为一体,莫非己也。"又说:"学者须先识仁。仁者,浑然与物同体。"生动形象地说明了"仁"与"万物一体"之间的密切关系。凡保有"仁"之天性者,皆能与天地万物密切相关而为一体,故能爱人爱物,如同爱己。程颢关于"仁"源于"万物一体"之说,显然是对孟子的"万物皆备于我"和张载所谓"天地之塞,吾其体"的更具体而生动的申述和发挥。王阳明继承和发展了先秦儒家和宋明理学家的"一体"与"合一"思想,提出了"与天地万物为一体"的命题。宋明理学家把儒家"爱人"扩展到"爱物",认为人与天地万物是一个息息相关的有机整体,不仅承认动物、植物乃至整个自然界都有内在的价值和生存的权利,而且也自觉地把天赋的仁爱之性,把传统的人际道德拓宽到生态伦理,具有丰富的"生态整体主义"思想。"生态整体主义"主张地球生物圈中所有生物是一个有机的整体,它们和人类一样,都拥有生存和繁荣的平等权利。(参"**民胞物与**"、"**张载**"条)

儒家(Confucian)

又称儒学、儒家学说,或称为儒教,是中国古代最有影响的学派。其学派崇尚"礼乐"和"仁义",提倡"忠恕"和"中庸"之道。主张"德治"、"仁政",重视伦理关系。作为华夏固有价值系统的一种表现的儒家,并非通常意义上的学术或学派,它是中华法系的法理基础,对中国以及东方文明发生过重大影响并持续至今的意识形态,儒家思想是东亚地区的基本文化信仰。儒家最初指的是冠婚丧祭时的司仪,自汉代起指由孔子创立的后来逐步发展以仁为核心的思想体系。(参"**孔子**"、"**孟子**"、"**仁**"条)

森林生态系统(forest ecosystem)

森林群落与其环境在功能流的作用下形成一定结构、功能和自调控的自然综合体,是陆地生态系统中面积最大、结构最复杂、功能最稳定、生物量最大的生态系统。

《沙乡年鉴》(Sand County Almanac)

1935年4月,奥尔多·利奥波德在威斯康星河畔一个叫"沙郡"的地方买了一块被废弃的农场,其后多年,他和家人种植了上千棵树以重新恢复土地的健康。他还以"沙郡"的木屋生活经历为素材写了很多随笔,后汇编成著名的《沙乡年鉴》。在这部著作里,利奥波德以其对大自然细心敏锐的观察,用艺术的语言描绘了一个荒弃的农场上,一年12个月的不同景象。书中他深刻提出了一系列土地环境的保护问题,并且把本来用于人与人之间的伦理扩展到人与自然之间,提出了他的"土地道德"观点,要求让人们改变观念,遵循生态规律。《沙乡年鉴》是一本随笔和哲学论文集,是他一生观察、经历和思考的结晶。在该书的英文版序言中,利奥波德写道:"野生的东西在开始被摒弃之前,一直和风吹日落一样,被认为是极其平常而自然的。现在我们所面临的问题是:一种平静的较高的'生活水准',是否以值得牺牲自然的、野外的和无拘束的东西为代价。对我们这些少数人来说,能有机会看到大雁比看电视更重要,能有机会看到一朵白头翁花就如同自由谈话的权利一样,是一种不可剥夺的权利。"《沙乡年鉴》一书出版历程颇为坎坷,直到1949年,作者去世后才问世。随着人们生态意识的觉醒以及对环境问题严重性的认识,利奥波德的学说才得到世人的重视。利奥波德被尊为新自然保护运动浪潮的领袖,《沙乡年鉴》也被称为"美国资源保护运动的圣书"。(参"**利奥波德,奥尔多**"、"**大地伦理学**"条)

善(Good)

道德意识最一般的概念之一和最重要的伦理学范畴之一。"善",从词源上看,与"义"、"美"同义,都是"好"的意思。《说文解字》说:"善,吉也,从言从羊,此与义、美同意。"《牛津英语辞典》也认为善就是好:"善……表示赞扬的最一般的形容词,它意指在很大或至少令人满意的程度上存在这样一些特性,这些特性或者本身值得赞美,或者对于某种目的来说有益。"善可分为"目的善"、"内在善"、"外在善"等。亚里士多德说:"善显然有双重含义,其一是事物自身就是善,其二是事物作为达到自身善的手段而是善。"于是,所谓"内在善"也可以称之为"目的善(good as an end)"或"自身善(good-in-itself)",是其自身而非其结果就是可欲的、就能够满足需要、就是人们追求的目的的善。善是正当(Right)的,善同自己的对立面——恶一起都是德行和非德行的区分和对立的最概括的形式,它们具有肯定的和否定的道德意义,具有符合和不符合德行要求的内容。人们通过"善"的概念反映自己最普遍的利益、意向、心愿和对未来的希望,它们在这里都表现为应当是的东西和值得赞扬的东西的抽象的道德概念。人们借助于善的观念评价他们周围发生的一切社会现象和某些人的举动。依据某种东西(个人的行为和道德品质、人们的相互关系或整个社会的状况)受到好的评价,善的概念便获得善行、美德、正义等等这样一些比较具体的概念的形式。伦理学对作为道德意识概念的善进行理论的分析,说明它的思想内容、本性和起源。(参"恶"条)

社会达尔文主义(Social Darwinism)
社会达尔文主义是由达尔文的进化论演绎而来的。达尔文的进化论认为,地球上的生物,随着环境的变迁,有一个由低级生命形态向高级生命形态逐渐进化的必然趋势。社会达尔文主义是将达尔文进化论中自然选择的思想应用于人类社会的一种社会理论。最早提出这一思想的是英国哲学家、作家赫伯特·斯宾塞。社会达尔文主义的风行从19世纪持续到第二次世界大战结束,有人认为现代的社会生物学也可归类到社会达尔文主义学派中。"社会达尔文主义"一词最早出现在美国历史学家理查德·霍夫斯塔特(Richard Hofstadter)于1944年初版的著作《社会达尔文主义与美国思维》(*Social Darwinism in American Thought, 1860—1915*),所以用"社会达尔文主义"一词来指称1944年前的相关思潮是不确切的,但这种用法已被历史学界广泛采用。(参"达尔文主义"条)

社会生态学(social ecology)
作为一个"红绿"生态政治理论与运动流派,在很大程度上是与默里·布克金(Murray Bookchin, 1921—2006)个人的名字紧密联系在一起的。默里·布克金在20世纪60年代中后期逐步创建了这一哲学政治理论。《后稀缺时代的无政府主义》《走向一种生态社会》和《自由生态学》(*The Ecology of Freedom*)等是这方面的主要代表作。社会生态学的基本观点是,当代的生态环境问题植根于更为深层复杂的社会问题,尤其是统治性的等级制政治与社会体制,而正是后者导致了现代社会对一种"增长或是死亡"哲学的无条件接受。在他看来,一方面,除了那些纯粹的自然灾难,当今世界的绝大部分生态环境问题都有其经济、种族、文化和性别冲突的根源。布克金的一个著名论断就是:"人类必须统治自然的观念直接起源于人对人统治的现实。"另一方面,抗拒或替代这样一种资本主义政治与社会体制,很难通过个体性行动比如伦理性的消费合作,而必须借助于基于激进民主理念的更加深刻的伦理思考和集体行动。在布克金看来,生态系统的整体性是一种充满活力的多样性的统一,平衡与和谐是通过不断变化的差异性、不断扩大的多样性来实现的。生态稳定性不是简单性和均质化,而是复杂性和多样化的一种功能。只看到环境对人的"资源"意义上的特征,这是对环境认识存在的一种极为片面的观点。生在环境中的人当然不可能离开环境,在人看来,其衣食住行均来自环境,但是生态环境的特征不仅仅如人所描述的那样仅仅是一种自然资源,因为人类本身也是生态环境的产物,是自然生态环境这个存在的一定历史时期的产物。在此基础之上,布克金指出人与自然关系的紧张关系来自人类社会的支配统治形式,比如等级制。在等级制的社会里,个人的成功总被定义为他的潜在支配能力的大小,一个人的权力越大,他所能支配的人或物也就越多,他就越是成功。人为制造的种种环境问题,其根源皆在于此。布克金晚年明确主张,人类作为自然界长期演进的智力结果或体现,理应在自然界的未来上升性发展过程中扮演一个主动性的角色。基于此,他强烈批评了深生态学、"新时代"复古主义等对自然生态价值的盲目推崇和对人类生存生活选择合法性及其理性能力的贬低。经过近半个世纪的发展之后,"社会生态学"也已经从一种最初的政治哲学演变成为研究主题更广泛比如更加关注时代现实议题、更强调实现资本主义绿色变革的理念普及与技能储备的政治社会理论。

社会正义（social justice）

柏拉图在《理想国》一书中,提出一个理想的国家必须建立在四个基础上,即智慧、勇气、节制以及正义。而社会正义中的社会则是指将正义这个概念实践于律法上,并且因为每个社会的文化、政治以及道德观都不尽相同,所以社会正义在不同的社会中也有着不同的意义与实践。另外,社会正义也指社会上不同阶级与领域之间付出和所得的公平性。因此,这一概念也常被政党拿来作为所得重分配的依据。在现代,社会正义主要是西方生态主义的一种政治理想。社会正义问题是人类社会生活中最根本的问题。一般而言,人们认为一个社会正义与否,核心是它是否保障或侵害了公民的权利。西方生态主义者认为,保障社会正义的关键是政治的正义,而政治的正义必须建立在确实的公民直接参与决策的基层民主体制之上。社会正义问题与生态问题紧密地联系在一起。西方生态主义批判资本扩张的控制主义对社会造成的严重不公,提出没有社会内部的正义就不可能有对自然的正义,同样,若没有对自然的正义就不可能有人类社会自身的正义,两者相反相成。西方生态主义的政治社会理想是要求人们学会珍视地球,这样也就自然会珍视地球上所有人,而珍视地球上的人即意味着奉行社会正义。

深生态学（deep ecology）

挪威哲学家阿恩·奈斯（Arne Naess）于 1973 年提出。阿恩·奈斯在《浅层与探层,一个长序的生态运动》(1973)中,对"浅生态运动"(The Shallow Ecology Movement)和"深生态运动"(The Deep Ecology Movement)作了区分。他认为,两者的区别在于:"浅生态学运动:反对污染和资源枯竭。中心目的:发达国家人民的健康和(物质上的)富裕。"而深生态学运动的特点在于:1."以互相关联的全方位思想,反对人在环境中的随意想象"。任何有机体都是生物圈网络中的一个点,没有万物之间的联系,有机体不能生存。2."生物圈平等原则"。任何生命形式,生存与发展的权利平等。3."多样性和共生原则"。鼓励生活、经济和文化的多样性。"生活并让他人生活"(Live and let live)是比"要么你活,要么我活"(Either you or me)更重要的强有力的生态学原则。以上三条原则适用于所有的物种、群落和包括发展中国家和发达国家在内的所有民族。4."反对等级的态度"。5."反对污染和资源枯竭"。在这方面生态学家已找到了强有力的支持,但浅生态运动没有考虑采取措施的社会意义,而深生态运动要担负起伦理责任。6."复杂而不混乱"。生态系统中的生物之间、生物与环境之间进行着复杂而有序的物质、信息和能量的交换,构成动态平衡的有机统一体。7."区域自治和分散化"。深生态学重视生态环境保护中的"区域自我管理"以及"物质和精神上的自我满足"。1985年,奈斯发表了《生态智慧:深层和浅层生态学》一文,用比较两者典型口号的方式,来说明浅生态学和深生态学运动的根本区别。奈斯指出,浅生态学的信条是:"自然界的多样性作为一种资源是有价值的","除了作为对人类有价值以外,谈论自然界的价值是没有意义的";与之相应,深生态学的口号是:"自然界的多样性具有自身的内在价值","把价值等同于人类的价值表现了一种物种的偏见"。他将浅生态运动总结为旨在"反对污染和资源消耗",其中心主题在于保护"发达国家人民的健康和幸福"。相比而言,深生态学则采取"理性的全景(total-field)"的观点,抛弃了人类中心主义的"人处在环境的中心的形象",而采用更整体的和非人类中心的方法。它是当代西方环境主义思潮中最具革命性和挑战性的生态哲学思想。(参"**奈斯,阿恩**"条)

生产者(producer)
能以简单的无机物制造食物的自养生物(autotroph)。

生活方式(lifestyle)
人们个人或团体的生活和活动的固定形式,这些形式对历史具体社会关系来说是典型的,它们说明劳动、社会政治活动、日常生活和闲暇领域中人们交往、品行和思想方式的特点。生活方式的概念不仅标明和揭示一定社会条件下人类生活本身特有的内容、世界状况,而且也标明和揭示人类生活的明确方向、有价值的目标。个人生活方式是人们在其品行、交往和生活习惯方面社会典型化了的东西和精神上独一无二的东西辩证统一的特殊表现。在某种程度上,单个人的内心世界、生活意向和需要同对该共同体(团体、阶级、整个社会)来说是典型的交往目的和行为规范是一致的。类似的"一致"就通过这样一些总和概念,例如"资产阶级生活方式"和"社会主义生活方式",被固定下来,而这些概念仿佛是一种科学的抽象,它们能够在对立社会制度共存的情况下,从个人活动的实际的各种个体表现和团体表现中区分出某种共同的司空见惯的东西。人们的生活方式首先取决于他们参加生产活动的性质,同时也取决于他们对待参加生产活动的态度。因此,人们在不同社会体制下的生活方式存在着根本差别,而且也存在着脱离某一共同体内一般通行生活方式的各种可能的倾向。生活方式同劳动生产领域的联系通过需要、利益,通过人们公共活动的方式所产生的动因表现出来。在客观方面(人们的共同活动方式和他们形成的交往和品行的性质)和主观方面(交往目的、活动动机、有价值的目标)的统一中获得的社会团体和某些个人的生活方式是由该社会的物质生活因素和精神生活因素形成的一种完整结构。

生命目的论

主要代表是泰勒(Paul W. Taylor)。泰勒既反对像辛格那样把扩张道德关怀对象的根据建立在功利主义的基础之上,又反对像雷根(T. Regan)那样把道德关怀的对象限定于高等动物。他认为,我们应当把道德关怀的对象扩展到包括动植物在内的所有生命个体。泰勒说,包括植物在内的所有生命个体都拥有"自身的善"。所谓"自身的善",就是生命体自身生命的目的性。事物具有自身生命的目的即"自身的善",就具有自身固有的内在价值。所以,生命体是否具有内在价值与它是否具有感觉或利益并无关系,道德关怀的对象不能仅限于有感觉的高等动物,还应该扩展到包括动植物在内的所有生命个体。

生命起源假说(Hypothesis of the origin of life)

主要是指被广大学者普遍接受的化学起源说。这一假说认为,地球上的生命是在地球温度逐步下降以后,在极其漫长的时间内,由非生命物质经过极其复杂的化学过程,一步一步地演变而成的。化学起源说将生命的起源分为四个阶段:第一个阶段,从无机小分子生成有机小分子的阶段,即生命起源的化学进化过程是在原始的地球条件下进行的。第二个阶段,从有机小分子物质生成生物大分子物质。这一过程是在原始海洋中发生的,即氨基酸、核苷酸等有机小分子物质,经过长期积累,相互作用,在适当条件下(如黏土的吸附作用),通过缩合作用或聚合作用形成了原始的蛋白质分子和核酸分子。第三个阶段,从生物大分子物质组成多分子体系。这一过程是怎样形成的呢?苏联学者奥巴林(Alexander Ivanovich Opalin,1894—1980)提出了团聚体假说,他通过实验表明,将蛋白质、多肽、核酸和多糖等放在合适的溶液中,它们能自动地浓缩聚集为分散的球状小滴,这些小滴就是团聚体。奥巴林等人认为,团聚体可以表现出合成、分解、生长、生殖等生命现象。例如,团聚体具有类似于膜那样的边界,其内部的化学特征显著地区别于外部的溶液环境。团聚体能从外部溶液中吸入某些分子作为反应物,还能在酶的催化作用下发生特定的生化反应,反应的产物也能从团聚体中释放出去。另外,有的学者还提出了微球体和脂球体等其他的一些假说,以解释有机高分子物质形成多分子体系的过程。第四个阶段,有机多分子体系演变为原始生态。这一阶段是在原始的海洋中形成的,是生命起源过程中最复杂和最有决定意义的阶段。对化学起源说的验证,最著名的就是米勒模拟实验:一种模拟在原始地球还原性大气中进行雷鸣闪电能产生有机物(特别是氨基酸),以论证生命起源的化学进化过程的实验。米勒模拟实验证明,由无机物合成氨基酸、核糖、嘧啶、嘌呤等组成蛋白质和核酸的生物小分子是完全有可能的。但米勒的实验也有很多的疑点,例如所使用的能量大小、不同气体的配合等。虽然都产生了氨基酸、糖类等物质,但仍不能证明这就是生命的起源。因为他所假设的大气层不能证明是原始的大气层,所得的结果就是不确定的。米勒本身也承认他的实验与自然界生命起源相距仍很遥远。并且现代科学发现在火星上有氧气存在却没有生命,那么米勒假设大气层中没有氧气存在故没有生命之说就不成立,因此无法证明生命起源是由单细胞进化而来的。目前,人们还不能在实验室里验证这一过程。(参"**米勒实验**"条)

生命主体论

主要代表是雷根(T. Regan)。雷根论证的基本方法同样是把动物和人(个体)作类比:人之所以具有权利,是因为人拥有固有(内在)的价值,而人之所以拥有固有的价值,是因为他是生命的主体;动物也是生命的主体,所以动物也应当具有固有价值,具有受到道德关怀的权利。所谓"生命主体",在雷根看来,必须满足以下的条件,如"具有确信、欲望、知觉、记忆、对将来的感觉、偏好、苦乐、追求欲望和目标的行为能力、持续的自我同一性、拥有不依赖于外界评价的自身的幸福等等"。如此,雷根估计,能够称得上"生命主体"的,一般说来,应当是一岁以上的哺乳动物。这就是说,一岁以上的哺乳动物都是"生命的主体",因而都具有的内在价值,都是道德关怀的对象。

生态

在中国文化传统中,"生态"一词指一切美好事物。1. 显露美好的姿态。南朝梁简文帝《筝赋》:"丹荑成叶,翠阴如黛。佳人采掇,动容生态。"《东周列国志》第十七回:"(息妫)目如秋水,脸似桃花,长短适中,举动生态,目中未见其二。"2. 生动的意态。唐杜甫《晓发公安》诗:"隣鸡野哭如昨日,物色生态能几时。"明刘基本《解语花·咏柳》词:"依依旎旎、嫋嫋娟娟,生态真无比。"3.生物的生理特性和生活习性。秦牧《艺海拾贝·虾趣》:"我曾经把一只虾养活了一个多月,观察过虾的生态。"学科意义上的"生态"(Eco-)一词源于古希腊字,意思是指家(house)或者人类生存环境。通常指生物的生活状态,指生物在一定的自然环境下生存和发展的状态,也指生物的生理特性和生活习性。简单地说,生态就是指一切生物的生存状态,以及它们之间和它与环境之间环环相扣的关系。生态学(Ecology)的产生最早也是从研究生物个体而开始的。1869年,德国生物学家E.海克尔(Ernst Haeckel)最早提出生态学的概念,它是研究动植物及其环境间、动物与植物之间及其对生态系统的影响的一门学科。如今,生态学已经渗透到各个领域,"生态"一词涉及的范畴也越来越广。

生态城市(ecocity/ecologicalcity/ecopolis/ecoville/ecovillage)

又称生态社区(eco-community)。1984年,苏联生态学家O. Yanitsy首次正式提出生态城市概念,认为生态城市是一种理想城模式,其中技术和自然充分融合,人的创造力和生产力得到最大限度的发挥,而居民的身心健康和环境质量得到最大限度的保护,物质、能量、信息高效利用,生态良性循环。从生态学的观点看,城市是以人为主体的生态系统,是一个由社会、经济和自然三个子系统构成的复合生态系统。一个符合生态规律的生态城市应该有结构合理、功能高效、关系协调的城市生态系统。这里所谓结构合理是指适度的人口密度,合理的土地利用,良好的环境质量,充足的绿地系统,完善的基础设施,有效的自然保护;功能高效是指资源的优化配置、物力的经济投入、人力的充分发挥、物流的畅通有序、信息流的快速便捷;关系协调是指人和自然协调、社会关系协调、城乡协调、资源利用和资源更新协调和环境承载力协调。

生态赤字(ecological debt)

区域生态足迹如果超过了区域的生态承载力,就出现生态赤字。其大小等于生态承载力减去生态足迹的差数。生态赤字表明该地区的人类负荷超过了其生态容量。为了更清晰地表达全球"生态赤字"的发展态势,科学家们提出了"生态赤字日"(ecological debt day)概念。所谓"生态赤字日"是指人类将地球为满足一整年的用度而产出的资源消耗殆尽的时间节点,在"生态赤字日"之后的该年度其余时间内,人类是向地球及后代子孙索要资源以"吃老本"的透支方式来维持当前的生活方式。1987年,人类首度进入生态赤字的状态,当年的生态赤字日为12月18日,而2007年的生态赤字日已经提前到10月6日,这无疑表明人类蚕食地球环境资源的脚步正持续加快。(参"**生态足迹**"、"**生态盈余**"条)

生态幅(ecological amplitude)

每一种生物对每一种生态因子都有一个耐受范围,即有一个生态上的最低点和最高点。在最低点和最高点(或称为耐受性的上限和下限)之间的范围内,称为生态幅或生态价(ecological valence)。在生态幅中有一个最适区域,在这个区域内生物的生理状态最佳,繁殖率最高,数量最多。生态幅是由生物的遗传特性决定的,很多生物的生态幅是宽的,他们能够在宽范围的盐度、温度、湿度等因子中存活。当生物对环境中某一生态因子的适应范围较宽,而对另一种因子的适应范围较窄时,生态幅往往受到后一个生态因子的限制。

生态经济学(ecological economics)
研究生态系统和经济系统的复合系统的结构、功能及其运动规律的学科,即生态经济系统的结构及其矛盾运动发展规律的学科,是生态学和经济学相结合而形成的一门边缘学科。

生态伦理(ecological ethics)
一门以"生态伦理"或"生态道德"为研究对象的应用伦理学。它是从伦理学的视角审视和研究人与自然的关系。"生态伦理"不仅要求人类将其道德关怀从社会延伸到非人的自然存在物或自然环境,而且呼吁人类把人与自然的关系确立为一种道德关系。根据生态伦理的要求,人类应放弃算计、盘剥和掠夺自然的传统价值观,转而追求与自然同生共荣、协同进步的可持续发展价值观。生态伦理学对伦理学理论建设的贡献,主要在于它打破了仅仅关注如何协调人际利益关系的人类道德文化传统,使人与自然的关系被赋予了真正的道德意义和道德价值。(参"**环境伦理**"条)

生态旅游(ecotourism)
由国际自然保护联盟(IUCN)特别顾问谢贝洛斯·拉斯喀瑞(Ceballas Lascurain)于1983年首次提出。当时就生态旅游给出了两个要点:其一是生态旅游的物件是自然景物;其二是生态旅游的物件不应受到损害。在全球人类面临生存的环境危机的背景下,随着人们环境意识的觉醒,绿色运动及绿色消费席卷全球,生态旅游作为绿色旅游消费,一经提出便在全球引起巨大反响,生态旅游的概念迅速普及全球,其内涵也得到不断的充实。针对目前生存环境的不断恶化的状况,旅游业从生态旅游要点之一出发,将生态旅游定义为"回归大自然旅游"和"绿色旅游";针对现在旅游业发展中出现的种种环境问题,旅游业从生态旅游要点之二出发,将生态旅游定义为"保护旅游"和"可持续发展旅游"。同时,世界各国根据各自的国情,开展生态旅游,形成各具特色的生态旅游。(参**"绿色旅游"**条)

生态美学(ecological aesthetics)

生态学和美学相应而形成的一门新型学科。生态学是研究生物(包括人类)与其生存环境相互关系的一门自然学科,美学是研究人与现实审美关系的一门人文学科,然而这两门学科在研究人与自然、人与环境相互关系的问题上却找到了特殊的结合点。生态美学就生长在这个结合点上。

生态模型(ecological model)

生态学中对生态系统描述的一种方式。从时间上看,生态模型经历了有机体模型、生态群落模型和能量模型三个阶段。有机体模型是最早的生态学模型之一,出现于19世纪,它把生态系统看做如同某个具体的有机体,其中个体的生物依赖环境,就像器官依赖躯体那样。生命有机体会经历生长、发育、成熟和死亡几个阶段,有机模型描述的生态系统也一样。在这些过程中,生态系统与有机体一样,会出现"健康"、"疾病"等状态,有"年轻"和"衰老"状态。20世纪初叶,有机模型让位于群落模型。群落模型中,自然生态系统被视为如同人们生活的区域或社会,部分与整体的关系就像居民与社区的关系或个人与其家庭的关系。社区的不同成员有着不同的角色或职业,他们都来贡献于该社区总体的功能。在群落模型中,生态学确实是在研究大自然的"家务事"。一个比较流行的群落模型是食物链模型。英国动物学家查尔斯·埃尔顿(Elton,1927)的食物链模型把群落的成员分为两种性质:生产性的和消费性的。当然,对某具体成员来说,它可能既是生产性的又是消费性的,如人类,每天在生产商品也在消费商品。但是群落模型因为使用了很多比喻而使其显得不够"理论",于是坦斯雷(Tansley,1935)采用了更客观的物理学术语——能量,依次来描述生态系统,即能量模型。在能量模型中,生态型总体被理解为能量系统或循环,生态学家研究生态系统中的能量流。食物链用更精确化的化学与物理术语取代,生态系统看上去就是另一个物理上的机械系统。这样做之后,生命成分与非生命成分都被纳入考虑,生态系统中的阳光、空气、水、无机物等等与生命有机体同等重要。在这样的系统里,能量处于不断的流动状态。一个人身体中的能量可能直接来自于太阳,也可能来自某只动物,还可能间接地来自于数千年前的某只蚂蚱。生命有机体中的元素也在循环流动,一个人身体中的水分,或许曾经在某只松鼠身上停留过,也可能是喜马拉雅山上的融冰。总之,人体的成分可能来自生态系统中的任何一个部分。这种联系的观点对于我们从内心认可这样的观点是有帮助的,即人并不是天生得高贵,而本来就是大自然的一部分。人为合成的毒素,经过大自然的循环最终还会用于人类自身。

生态农业(ecological agriculture/eco-agriculture)

以生态学理论为主导,运用系统工程方法,以合理利用农业自然资源和保护良好的生态环境为前提,因地制宜地规划、组织和进行农业生产的一种农业。是20世纪60年代末期作为"石油农业"的对立面而出现的概念,被认为是继石油农业之后世界农业发展的一个重要阶段。主要是通过提高太阳能利用率、生物能转化率、废弃物再循环利用率等,促进物质在农业生态系统内部的循环利用和多次重复利用,以尽可能少的投入,求得尽可能多的产出,并获得生产发展、能源再利用、生态环境保护、经济效益等相统一的综合性效果,使农业生产处于良性循环中。生态农业不同于一般农业,它不仅避免了石油农业的弊端,并发挥其优越性。通过适量施用化肥和低毒高效农药等,突破传统农业的局限性,但又保持其精耕细作、施用有机肥、间作套种等优良传统。它既是有机农业与无机农业相结合的综合体,又是一个庞大的综合系统工程和高效的、复杂的人工生态系统以及先进的农业生产体系。生态农业是以生物和环境之间物质和能量的转化及平衡为基本特征。生态农业将农业生产视作生态系统,从生物和环境的有机结合上,充分发挥能量多极转化和物质再生的功能,创造出高产量、少污染的优质产品,实现生物和环境的良性循环,促进农业的可持续发展。

生态女性主义(ecofeminism)

生态女性主义代表一种政治与社会运动。它相信对女人的压迫与自然的退化之间存在着某种关系。生态女性主义理论者考虑性别歧视、对自然的控制、种族歧视、物种至上主义(speciesism)与其他各种社会不平等之间的交互关联性。生态女性主义就是将生态学与女性主义结合在一起。这一思想流派在20世纪70年代出现,在90年代得到重要发展。关于生态女性主义有这样两种提法:女性主义的生态学(the ecology of feminism)和生态学的女性主义(the feminism of ecology)。生态女性主义试图寻求一种不与自然分离的文化,并且认为一个生态学家必定会成为女性主义者。生态女性主义反对人类中心论(anthropocentrism)和男性中心论(androcentrism),主张改变人统治自然的思想,并认为这一思想来自人统治人的思想。它批评男权的文化价值观,赞美女性本质,但并不完全是本质主义的,它反对那些能够导致剥削、统治、攻击性的价值观。生态女性主义批判男性中心的知识框架,目标是建立一个遵循生态主义与女性主义的原则的乌托邦。1974年,法国女性主义者弗朗西丝娃·德·奥波妮(Francoise d'Eaubonne)在《女性主义·毁灭》一文中呼吁女性参与拯救地球的工作时,最先提出了"生态女性主义",标志着西方生态女性主义理论研究的开端。她提出这一术语的目的,是想强调女性在解决全球生态危机中的潜力,号召妇女起来领导一场拯救地球的生态革命,并在人与自然、男性与女性之间建立一种新型的关系。她同时指出:对妇女的压迫与对自然的压迫有着直接的联系。奥波妮倡导建立一种多元的、复杂的生态文化,以代替"全盘西化"及以追求利益最大化为主导的单一基因文化;她重新解释了人与其它生物、人与自然的关系,把人看成是一种生态存在,重视并致力于保护生态系统,强调与自然的和谐以达到可持续发展;她认为女性与自然的认同是生态女性主义的首要内容。奥波妮将生态运动、女性运动结合起来,致力于建立新的道德价值、社会结构,反对各种形式的歧视,希望通过提倡爱、关怀和公正的伦理价值,尤其是对于社会公正的提倡,最终可以以相互依赖模式取代以往的等级制关系模式。生态女性主义的主要信念包括:1.女性更接近于自然,而男性伦理的基调是对自然的仇视。女性希望与自然和睦相处,而男性则把世界变成了狩猎场,与自然为敌。因此,女性比男性更适合于为保护自然而战,更有责任也更有希望结束人统治自然的现状——治愈人与非人自然之间的疏离。这正是生态运动的最终目标。尽管生态运动不一定全是女性主义的,但是任何深刻的生态运动,其性别化程度是令人震惊的。它之所以令人震惊是因为深刻的生态学意识是一种女性意识,或者可以说,生态意识是一种传统的女性意识。生态女性主义者关注着地球上生态的严重破坏,森林消失,空气污染,水源污染,她们感到痛心疾首。她们说:"我们在和自己作对,我们不再感到自己是这个地球的一部分。我们把其他造物视为仇敌,很久以前我们就已放弃了自我。""我们的生活方式正在毁掉环境,毁掉我们的肉体,甚至毁掉我们的遗传基因。"生态女性主义提出:"对地球的一切形式的强奸,已成为一种隐喻,就像以种种借口强奸妇女一样。"2.地球上的生命是一个相互联系的网,并无上下高低的等级之分。我们的社会状态是种族分隔,性别分隔的。人们都接受了这样一种世界观,甚至没有感觉到它是一种意识形态。这种世界观认为,存在是分等级的。在这个等级体系中,上帝这类纯精神是最高级的,而生长在地球上的生命是低级的;在所有的生命中,人又是最高级的,以下依次是动物、植物、山、海和沙;在人类当中,白种男性是最高级的,以下才是其他种族和性别的人们。而生态女性主义的一个主要观点就是反对对生命做等级划分。3.一个健康的平衡的生态体系,其中包括人与非人在内,都应保持多样化状态。消费市场把人们的文化兴趣搞得千人一面,既浪费资源,又无趣。生态女性主义主张,应当发起一个反集中化的全球运动,既照顾到人们的共同利益,又要反对某些消费形式的统治和强制性,这种强制性实际上是一种暴力形式。而生态女性主义就是这个运动的潜在力量之所在。4. 物种的幸存使我们看到,重新理解人与自然(自身肉体与非人自然)关系的必要性。这是对自然—文化二元对立理论的挑战。概括地说,生态女性主义所主张的是按照女性主义原则和生态学原则重建人类社会。

生态批评(ecocriticism)

"生态批评"作为一种批评潮流,其发源地在美国。这一概念的提出,可以追溯到20世纪70年代。1974年,约瑟夫·米克(Joseph W. Meeker)在《生存的喜剧:文学生态学研究》中提出"文学生态学"的概念,主张批评应当探讨文学所揭示的"人类与其他物种之间的关系",要"细致并真诚地审视和发掘文学对人类行为和自然环境的影响",作者还尝试从生态学的角度批评古希腊戏剧、但丁、莎士比亚以及当代文学作品。1978年,威廉·鲁克尔特(William Rueckert)在其论文《文学与生态学:一次生态批评的实验》中首先使用了"生态批评"这一批评术语,提出"把生态学以及和生态学有关的概念运用到文学研究中去",为解释这一研究方法,他提出"生态学(作为一门科学,一门学科,作为人类想象的基础)是跟我们一切生命所生活的当今世界和未来世界最密切相关的"。鲁克尔特的观点当时并未引起学术界的关注,直到1989年美国"西部文学研究会"上才引起重视。当时身为康奈尔大学的研究生、现为内华达大学文学与环境教授的彻丽尔·格罗特费尔蒂(Cheryll Glotfelty)重新使用这个名称,并主张用它来取代原先人们所熟悉的"自然写作的研究"(the study of nature writing)。这一倡议随即得到赞同。当时的西部文学研究会会长、俄勒冈大学英语教授格伦·A. 洛夫(Glen A. Love)在同一会议上发表了《重新评价自然》(Revaluing Nature)的演讲,从此"生态批评"一词开始频频见于论文、评论、学术专著、文学选集及高校教学大纲之中。1996 年,佐治亚大学出版社出版了格罗特费尔蒂和费罗姆主编的《生态批评读本:文学生态学的里程碑》(*The Ecocriticism Reader:Landmarks in Literary Ecology*)一书,该书收集了 26 篇论文,分成三个部分,分别讨论生态学及生态文学理论、文学的生态批评和生态文学的批评。这是美国第一部关于生态批评的论文集,标志着生态批评在学术上的正式命名。因而,格罗特费尔蒂女士被公认为美国生态批评的主要倡导者和发起人,她也是美国第一个获得"文学与环境教授"(Professor of literature and environment)头衔的学者。虽然有人提出"环境文学批评"(environmental literary criticism)、"绿色研究"(greenstudies),或"绿色文化研究"(green cultural studies)等其他术语,但生态批评家们最终摈弃"环境"(environment)一词的前缀"enviro",是因为它突出了人类的特权,把人摆放在中心,其他一切则无一例外地被降至人类活动的边缘位置。与之相映成趣,前缀 eco 由于蕴涵了"关系"、"整合"的意思而大受评论家的青睐。格罗特费尔蒂在其《读本》的序言中特意解释了为什么生态批评家们青睐"eco-(生态)"这个词缀而不是"environ-(环境)"——后者具有人类中心主义和二元论色彩,暗示人类处于发号施令的中心地位,其他的万物则簇拥在周围。

生态平衡(ecological equilibrium)

生态系统的一种相对稳定状态。当处于这一状态时,生态系统内生物之间和生物与环境之间相互高度适应,种群结构和数量比例长久保持相对稳定,生产与消费和分解之间相互协调,系统能量和物质的输入与输出之间接近平衡。生态系统平衡是一种动态平衡,因为能量流动和物质循环仍在不间断地进行,生物个体也在不断地进行更新。现实中生态系统常受到外界的干扰,但干扰造成的损坏一般都可通过负反馈机制的自我调节作用使系统得到修复,维持其稳定与平衡。不过生态系统的调节能力是有一定限度的。当外界干扰压力很大,使系统的变化超出其自我调节能力限度即生态阈限(ecological threshold)时,系统的自我调节能力随之丧失。此时,系统结构遭到破坏,功能受阻,整个系统受到严重伤害乃至崩溃,此即生态平衡失调。

生态人(eco-man)

与"经济人"相对应的一个概念。与"经济人"相比,"生态人"是一种更加符合人类本质的理论设定。"生态人"有广义和狭义之分。广义的"生态人"不仅追求人与自然的共生,还追求个人与他人、人类自身的完善,这实际上是一种理想中的人,是"理性和谐人"的代名词。狭义的"生态人"是指单纯的环保人,在当前的社会发展阶段,我们既不主张这种完人,也不主张单纯的环保人,我们所指的"生态人"重点应该突出的是其对"人与自然平衡的向往",毕竟生态危机是当代社会所有危机当中最为根本性的,同时,它也应把社会的和谐和人自身的完善作为自己追求的目标,因为"对自然的解放与人的解放是分不开的"。由此我们可以将"生态人"定义为具备生态意识,并在经济与社会活动中能够做到尊重自然生态规律,约束个人与集体行为,实现人与自然共生、经济和社会可持续发展的个人或群体。"生态人"既可以指国家,也可以指政府、企业和个人。"生态人"并不是从纯粹的功利角度来阐述人对自然的依赖性,而是更加强调从人的本质内涵来诠释。在"生态人"的观念中,生态问题的解决不是一种人类生存的某一特定阶段上用来应付特殊生存境遇的权宜之计,而是一种根本的生存原则,因此,"生态人"除了具备自然维护、生态平衡等生态意识外,还应具有以下价值观念:1.具有整体论世界观或生态世界观范式。2.树立生态安全观。"经济人"只注重经济利益,无所顾忌地掠夺资源,而"生态人"将生态安全放于首位。

生态人类学(eco-anthropology)

致力于人与环境之间复杂关系的研究的一门学科。人类的生存一直同邻近的土地、气候、植物以及动物种群发生着密切的关系,并对其产生影响,环境因素亦反过来作用于人类。生态人类学试图探讨人类群体如何适应、塑造其生存环境并伴随此过程形成相应的风俗习惯以及社会、经济、政治生活。生态人类学希望对人类社会文化作为适应环境的产物做出唯物的说明。达尔文的《物种起源》(1859)在遗传变异的基础上提出了关于进化较为全面的理论。每一代都要繁衍出比适合生存的数量更多的个体,而资源是有限的,那么个体间的竞争也会随之加剧,那些具有利于生存个性的或通过变异的个体得以继续繁衍。马尔萨斯对达尔文的论述有着较为明显的不容置疑的影响。马尔萨斯是人口统计学的开创者,认为人口的增长必然要超出食物供给的限度,这种趋势会导致疾病以及饥荒,从而导致人口增长速度放慢。因此,生态系统是由生物体在一个受到制约的环境内的活动构成的。20世纪六七十年代,生态人类学者间形成了新的学派,包括:生态系统范例研究、人种学、历史生态学以及相应的研究,提供了关于风俗习惯以及适应制度的解释。生态人类学者相信人类并非要适应其生活环境的总体,只能认为是选择适应构成栖息地的某些形貌及要素。进一步讲,每个人类群体在文化方面都有各自的适应制度,特别是技艺;生物多样性对所有种群的环境适应及生存是不可或缺的。文化多样性对人类而言起到同样作用,因为它是人类适应环境的重要机制。

生态社会主义(ecological socialism)

在20世纪下半叶西方蓬勃兴起的生态主义运动的众多流派中的一个新思潮、新学派,也被称为生态马克思主义(Ecological Marxism),最初诞生于20世纪70年代的德国。西方生态社会主义的理论是社会主义政治取向下对生态环境问题的系统化阐释并提出了相应的实践解决方案,即试图在以对马克思恩格斯观点重新解读的基础上对现代生态问题作出系统阐释,从而为克服人类生存困境寻杂找一条既能消除生态危机,又能实现社会主义的新道路,对未来生态社会的前景提供了独到的视野,提倡依靠生态运动、女权运动、民权运动等社会运动的力量,通过真正的基层性的广泛民主的原则解决全球生态危机。西方生态社会主义是传统社会主义理论对现代生态学的理论回应和主动吸纳,同时它的产生和发展同绿色生态运动的发展分不开。西方生态社会主义是当代西方一支涉及面、影响面均很广泛的马克思主义派别。美国纽约大学教授R.奥尔曼曾把它列为当今世界十大马克思主义流派之一。西方生态社会主义总体上的特征是将生态学理论同马克思主义相结合。其主要政治理念或理论观点可概括如下:在生态问题的成因方面,西方生态社会主义的基本观点是,生态危机虽不能直接等同于但却是深深根植于资本主义的生产方式及其全球化扩张,而且只要接受这种生产方式就不能消除现代生态环境问题的存在。资本主义是追求经济合理性的社会,它的追逐利润最大化和市场化以及消费不断扩张的"唯生产力论",是同生态合理性要求不相容的。追逐利润是资本主义的生产逻辑,也是资本主义生产的唯一目的。在这一"生产逻辑"的推动下,不可避免地引起浪费性生产和奢侈的浪费性消费。资本主义的"过度生产"和过度消费虽然延缓了经济危机,但却使得整个社会的消费越来越膨胀,并逐渐超过了自然界所能承受的限度。资本主义条件下生产的无政府状态导致了社会生产力和资源的严重浪费和破坏,而且这种社会制度倡导的是以消费为荣的消费文化,诱使人们为了享受的目的拼命工作,这势必加剧了人的异化和社会不公的深层化,另一方面也加重了自然界的负担,使资源枯竭,污染和生态环境被破坏,从而造成生态系统失去平衡,于是经济危机转化为生态危机和社会危机。西方生态社会主义者主张一种能够避免上述弊端、最适合人类生存的生态社会主义制度。在生态伦理学层面,西方生态社会主义不赞成生态中心主义,认为生态中心主义假装从自然的立场来界定生态难题,但是,对自然的生态平衡的界定明显是一种人类的行为,一种与人的需要、愉悦和愿望相关的人类的界定。在对未来社会的规划方面,西方生态社会主义虽不一般地反对经济增长,但却要求承认并遵从外部自然的限制,认为未来经济将是基于生态法则的对所有人都有一定限制的发展。西方生态社会主义否定生态殖民主义,批判军国主义和霸权主义。

生态失调(ecological disturbance)

当外界干扰远远超过了生态阈限,生态系统的自我调节能力已不能抵御,从而不能恢复到原初状态时,则称为"生态失调"。生态失调的基本标志,可以从生态系统的结构和功能这两方面的不同水平上表现出来,诸如一个或几个组分缺损,生产者或消费者种群结构变化,能量流动受阻,食物链中断等。

生态危机(ecological crisis)

严重的生态平衡失调,从而威胁到人类的生存时,称为生态危机,即由于人类盲目的生产和生活活动而导致的局部甚至整个生物圈结构和功能的失调。生态平衡失调起初往往不易被人们觉察,如果一旦出现生态危机就很难在短期内恢复平衡。也就是说,生态危机并不是指一般意义上的自然灾害问题,而是指由于人的活动所引起的环境质量下降、生态秩序紊乱、生命维持系统瓦解,从而危害人的利益、威胁人类生存和发展的现象。全球性的生态危机主要是由于人类自身的行为失范造成的。一是人口爆炸;二是工业化进程的加快;三是技术的滥用;四是现代农业的发展和城市化进程的加快;五是少数富人的奢靡消费。

《生态危机与资本主义》(*Ecology Against Capitalism*)

J. B. 福斯特(John Bellamy Foster)在《生态危机与资本主义》一书中,直接介入当代政治经济领域对资本主义制度和生态环境的争论,对上个世纪最后 10 年间西方发达国家,特别是美国对环境危机采取的经济措施进行了系统批判,分析和阐释了诸如资本主义与生态相悖的本质原因、生态与人类自由的辩证关系以及可持续发展的内涵等重大问题，并在这一过程中也触及濒危的动物、向第三世界出口有害废料和全球变暖等一系列具体问题。作者认为当前全球性的生态危机在很大程度上是资本主义经济学的"原罪"，是目前经济体制无法克服的痼疾。而要想克服这种危机，继续保持人类进步，就必须从根本上变革现行的社会与经济体制，对自然和生态采取和谐的、可持续发展的态度。（参"**福斯特，约翰·贝拉米**"条）

生态位（niche）

一个既抽象而含义又十分丰富的生态学名词。生态位这一术语，早在1894年，密执安大学的斯蒂勒（Steere）在解释鸟类物种分离而分居于菲律宾各岛现象时就很感兴趣，但未给出任何解释。1910年，约翰逊（Johnson）第一次在生态学论述中使用生态位——"同一地区的不同物种可以占据环境中的不同生态位"，可惜他没有对生态位进行定义，未将其发展成一个完整的概念。约瑟夫·格林奈尔（Joseph Grinnell）把生态位定义为"恰好被一个种或一个亚种所占据的最后分布单位（ultimate distributing unit）"，人们称它为空间生态位（space niche），它强调的是生态位的空间概念。动物学家查尔斯·埃尔顿（Charles Elton）在《动物生态学》一书中，首次把生态位概念的重点转到生物群落上来，认为生态位仅是动物的属性，认为"一个动物的生态位表明它在生物环境中的地位及其与食物和天敌的关系"，将生态位视为"物种在生物群落或生态系统中的地位与功能作用"。哈奇金森（Hutchinson）从环境中多种因子对生物作用来分析生态位，强调生态位呈多维的结构。皮提克（Pitelka）将生态位看作是物种在环境中经常栖息的地方。欧戴姆（E. P. Odum）给生态位下定义为"一个生物在群落和生态系统中的位置和状况,而这种位置和状况决定于该生物的形态适应、生理反应和特有行为"。这就是迄今为止关于生态位最具代表性的三个定义,人们分别称之为"空间生态位"、"功能生态位"以及"多维生态位"。生态位理论揭示:每个生物物种在长期的生存竞争中都拥有一个最适合自身生存的时空位置(即生态位);在资源不足的情况下,一个生态位只能有一个物种,偶尔出现于同一生态位中的两种物种必定发生激烈的种间竞争,最终导致其中一个物种被逐出。生态位的态势理论认为,生态位包括"态"和"势"两方面。"态"是指生物体单元的状态(能量、生物量、个体数量、资源占有量、适应能力、智能水平、经济发展水平、科技发展水平等),是生物体过去生长发育、学习、社会经济发展以及与环境相互作用积累的结果;"势"是指生物单元对环境的现实影响力或支配力,如能量与物质交换的速率、生物增长率、经济增长率、占据新生境的能力等。生态位是描述某个生物体单元在特定生态系统与环境相互作用过程中所形成的相对地位和作用,是某生物单元的"态"和"势"两方面的综合。生态位理论在竞争机制、生态元(包括人类)对环境的适应性、生态系统的演化、多样性和稳定性等方面研究中具有重要的指导意义。

生态文化(eco-culture)

从人统治自然的文化,过渡到人与自然和谐并进的文化。它包括人类文化的制度层次、物质层次和精神层次的一系列变化。建设生态文化,是实施可持续发展战略、建设人与自然和谐社会的必然选择。生态文化是一种社会文化,它不仅包括人类在总结传统发展基础上提出的有利于人与自然和谐相处的观念形态,而且还包括人类为了保护生态环境而发明或制定的相关手段,如法律、政策以及科学技术等。因此,生态文化可以分为精神、制度和物质三个层面:精神层面的生态文化主要体现为生态价值观,是人们在生产和生活中的生态伦理准则;制度层面的生态文化则是政府为了保护生态环境而制定的法律和政策;而物质层面的生态文化是生态价值观的有形体现,诸如生态主题公园、小品、生态博物馆以及相关技术设备等等,不仅反映着人类的生态价值观,而且展现着人类的生态环保成就和能力。广义的概念是,生态文化是人类新的生活方式,即人与自然和谐发展的生活方式。把生态文化视为一种人类创造和选择的新文化,并将带来一种新文明、新价值观——生态文明。人类从反自然的文化和人类统治自然的文化,转向尊重自然,人与自然和谐发展的文化,人类将依据"生态文化"的价值观念来判定自己创造的文明程度和发展方向。作为是一种价值观、文明观,生态文化首先是价值观的转变,是人类新的生存方式,即人与自然和谐发展的生存方式。从狭义的概念来看,生态文化是以生态价值观为指导的社会意识形态、人类精神和社会制度,主要是指一种基于生态理念的社会文化现象。它主要是自 19 世纪以来,人类在重视自身生存的生态环境保护的过程中,逐渐产生出来的一系列的环境观念、生态意识,以及在此基础上发展起来的一系列有关生态环境的人文社会科学成果,例如,生态文学、生态艺术、生态伦理、生态经济理论、生态政治理论、生态神学等等。这些生态文化成果既表明了生态思维对人文社会科学的渗透,是自然科学与人文社会科学在当代相互融合的文化发展趋势;同时也表明生态文化作为一股思想文化潮流,由于它所关注的是全球、全人类的福祉,因此越来越具有全球意义。生态文化的重要特征就是注重自然因素、自然规律、生态环境对人类社会的影响,注重人对自然的姿态,它是人类社会发展到一定阶段后物质生产和精神生产高度发展、自然生态与人文生态和谐统一的文化。因此,生态文化成为人类创造的自然文化、人文文化、科技文化之后的第四种新文化。

生态文明(eco-civilization)

人类对传统文明形态特别是工业文明进行深刻反思的成果,是人类文明形态和文明发展理念、道路和模式的重大进步,是人类文明的一种形态;是指人类遵循人、自然、社会和谐发展这一客观规律而取得的物质与精神成果的总和;是指以人与自然、人与人、人与社会和谐共生、良性循环、全面发展、持续繁荣为基本宗旨的文化伦理形态。生态文明强调人的自觉与自律,强调人与自然环境的相互依存、相互促进、共处共融,既追求人与生态的和谐,也追求人与人的和谐,而且人与人的和谐是人与自然和谐的前提。生态文明包含生态意识文明、生态制度文明、生态行为文明。生态文明作为人类文明的一种新形态,具有以下特征:1.生态文明反映了人类伦理价值观的转变。西方传统哲学认为,只有人是主体,生命和自然界是人的对象,因而只有人有价值,其他生命和自然界没有价值。因此,只能对人讲道德,无需对其他生命和自然界讲道德。这是工业文明人统治自然的哲学基础。生态文明认为,不仅人是主体,自然也是主体;不仅人有价值,自然也有价值;不仅人有主动性,自然也有主动性;不仅人依靠自然,所有生命都依靠自然。因而人类要尊重生命和自然界,人与其他生命共享一个地球。无论是马克思主义的人道主义,还是中国传统文化的天人合一,还是西方的可持续发展,都说明生态文明是一个人性与生态性全面统一的社会形态。这种统一不是人性服从于生态性,也不是生态性服从于人性。用今天的话说,以人为本的生态和谐原则即是每个人全面发展的前提。2. 生态文明反映了人类生产和生活方式的转变。工业文明的生产方式,从原料到产品到废弃物,是一个非循环的生产;生活方式以物质主义为原则,以高消费为特征,认为更多地消费资源就是对经济发展的贡献。生态文明却致力于构造一个以环境资源承载力为基础、以自然规律为准则、以可持续社会经济文化政策为手段的环境友好型社会。实现经济、社会、环境的共赢,关键在于人的主动性。人的生活方式就应主动以实用节约为原则,以适度消费为特征,追求基本生活需要的满足,崇尚精神和文化的享受。3. 生态文明代表了人类社会发展的新潮流。从人类文明的接续来说,生态文明理应在发达国家首先兴起,因为在那里首先爆发生态危机。但是因为一些原因,使得西方国家错过了发展生态文明的机会。一是因为西方强大的技术资金使本国生态危机得以缓解;二是因为西方工业文明的巨大惯性还要持续相当一段时间;三是因为西方资本主义不断向不发达地区转移生态成本。作为人类社会发展的总趋势,西方国家错过了发展生态文明的最好时机,这就为中华民族的跨越式发展提供了机会。

生态文学(eco-literature)

以生态整体主义为思想基础,以生态系统整体利益为最高价值的考察和表现自然与人之关系和探寻生态危机之社会根源的文学。生态文学外延涵盖如何界定,目前有广义和狭义两种看法。广义的生态文学几乎可以涵括所有文学领域的作品,全面研究自然生态、社会生态、文化生态、精神生态和文学艺术的关系;狭义生态文学,比较关注相对纯粹意义上的具有生态意识的文学作品。"生态文学"的关键是"生态"。这个限定词的主要含义并不仅仅是指描写生态或描写自然,不是这么简单;而是指这类文学是"生态的"——具备生态思想和生态视角的。在对数千年生态思想和数十年生态文学进行全面考察之后,可以得出这样一种判断:生态思想的核心是生态系统观、整体观和联系观,生态思想以生态系统的平衡、稳定和整体利益为出发点和终极标准,而不是以人类或任何一个物种、任何一个局部的利益为价值判断的最高标准。简明的定义是:生态文学是一种反映生态环境与人类社会发展的关系的文学。

生态系统(ecosystem)

由生物群落与无机环境构成的统一整体,是在一定空间中共同栖居着的所有生物与其环境之间由于不断地进行物质循环和能量流动过程而形成的统一整体。生态系统的范围可大可小,相互交错,最大的生态系统是生物圈,最为复杂的生态系统是热带雨林生态系统。人类主要生活在以城市和农田为主的人工生态系统中。生态系统是开放系统,为了维系自身的稳定,生态系统需要不断输入能量,否则就有崩溃的危险。许多基础物质在生态系统中不断循环,其中碳循环与全球温室效应密切相关,生态系统是生态学领域的一个主要结构和功能单位,属于生态学研究的最高层次。

生态学(ecology)

现代意义上"生态学"这个概念,是德国生物学家恩施特·海克尔(Ernst H. Haeckel,1834—1919)于1866年首先提出的。海克尔认为,所谓"生态"是一种关系的描述,就是自然有机生命体与周围世界的关系,因此"生态学"(ecology)被定义为"研究植物与动物之间以及它们与生存环境之间相互依赖关系的科学"。就语源来说,ecology 来自两个希腊词根 oikos 和 logos。"oikos"是房子、居所、生存地、家园的意思,而"logos"则是科学、研究的意思。值得玩味的是,"oikos"意思是"家务"。经济学(economic)亦来源于这个词,然而,经济学是研究人类的"家政",生态学则致力于自然界的"家政",两者皆与人类谋求改进自己的生存状态息息相关。不容否认,在当时工业化狂飙突进的年代里,生态学是研究如何最大化利用自然资源服务于人、使人们生活得更富足的一种新人本主义"经济"学。真正的现代生态学出现在 20 世纪 30 年代,由英国生态学家埃尔顿(Charles Sutherland Elton,1900—1991)等科学家的一系列著作奠定基础。但是直到 60 年代以后,世界各国才在生态学影响下渐渐达成共识,统一了规范,不再将人类凌驾于大自然之上,而是倡导人类与大自然和谐共处,于是诞生了"人类生态学"(human ecology)。"人类生态学"一词,最早由美国社会学者帕克(R. E. Park)在《社会学导论》(*Introduction to the Science of Society*,1921)一书中提出。1923 年美国地理学者巴罗斯(H. H. Barrows)提出人类生态学概念。他在美国地理学者协会会刊上发表了《人类生态学》一文,主张地理学研究的目的不在于考察环境本身的特征与客观存在的自然现象,而是研究人类对自然环境的反应,"地理学以弄清自然环境和人类分布、人类活动之间所存在的关系作为目标","以人类适应环境的观点,来观察这个问题较诸从环境的影响出发为明智",人是中心论题,宣称地理学的中心课题是研究特定地区间的"人类生态学"。后来帕克和伯杰斯在芝加哥大学继续展开有关研究,形成城市学科的"芝加哥学派"。芝加哥学派认为人类生态学是生态学的一个分支,但认同其他一切生物的根本区别在于人具有创造文化并按自己意志行事的能力。因此,他们赋予人类生态学的含义为:既包括不同群体之间的生物关系,也包括由人类文化和有目的的人类行为所造成的状况和种种问题。继而,艾利汉、霍林希德、麦肯齐(Me-Kenzin)、伯格等学者又以城市问题为出发点对当时那种意义上的人类生态学作了进一步的研究、探索,提出了一些观点和假说。

生态学主义(ecologism)

生态学主义指的是在讨论和处理环境问题过程中对生态科学的过度依赖,认为生态科学是最终的科学。以阿恩·奈斯为代表的深生态学家认为生态学主义过分普遍化和普适化了生态学概念,生态科学提供自然生态系统如何运作的信息,但它并非环境问题上的最高权威。生态学无法取代哲学分析,深生态学要将环境危机的根源追溯到基本的哲学原因,解决方法只能是转变根本的世界观和实践。

生态因子(ecological factor)

环境要素中对生物起作用的因子,诸如光照、温度、水分、氧气、二氧化碳、食物和其他生物等。在生态因子中,对生物生存不能缺少的环境要素,有时也称生存条件。

生态盈余(ecological surplus)

如果区域生态足迹小于区域的生态承载力,则表现为生态盈余。区域的生态赤字或生态盈余,反映了区域人口对自然资源的利用状况。(参"**生态足迹**"、"**生态赤字**"条)

生态优先（ecological priority）

生态优先这一理念属于西方生态主义的政治社会伦理范畴，与西方生态主义者对人类中心主义和生态中心主义的反思有着密切联系。要实现生态优先原则，政治的目标在于改变经济发展方向，如改变国内生产总值的计算方式，把环境成本计入其中，并改变对无限增长的追求，以满足生存的需要为度，防止垃圾和高污染工业向落后国家或地区转移，按照是否有利于生态的原则调整产业结构，抵制和减少高耗能和高污染工业，发展清洁生产，在经济活动中遵循生态原则，通过使经济活动基于人们的基本需要和符合生态的方式，以保持自然生态的可持续性，这是与自由市场经济和国家控制经济所追求的无条件的增长与扩大相对立的。生态优先原则还要求实行计划生育，控制人口总量，并改变人们以往无止境追求物质财富占有的生活方式。全世界各国均以全人类的共同利益为重，按生态可承受能力重新调整各自的发展目标，甚至提出按生态优先原则建立打破国家疆界的生态经济区的构想，在这种生态社区内，人们因地制宜地安排生产，自给自足，生产规模限制在满足人们的基本生活所需上，相互间不存在争夺资源的矛盾，不存在贫富差距。建立这种符合生态要求的社区被认为是实现人与自然和人与人之间相互关系的真正和谐，人类也可以从此告别战争的有效途径。

生态阈限（ecological threshold）

生态系统虽然有一定的自我调节能力，但是只能在一定条件下、一定范围内起作用，如果干扰过大，超出了生态系统本身的调节能力，就会导致生态平衡的破坏，这个临界限度叫生态阈限。生态阈限取决于环境的质量和生物的数量。在阈限内,生态系统能承受一定程度的外界压力和冲击,具有一定程度的自我调节能力。超过阈限,自我调节不再起作用,系统也就难以回到原初的生态平衡状态。生态阈限的大小取决于生态系统的成熟程度。生态系统越成熟,它的种类组成越多,营养结构越复杂,稳定性越大,对外界的压力或冲击的抵抗能力也越大,即阈值高;相反,一个简单的人工的生态系统,则阈值低。

生态哲学(ecological philosophy)

用生态系统的观点和方法研究人类社会与自然环境之间的相互关系及其普遍规律的科学,是对人类社会和自然界的相互作用进行的社会哲学研究的综合。起初,生态哲学以"新唯灵论"为理论根据,宣扬人和宇宙的精神统一性,确认自然界的和谐性和完整性。人的道德问题在生态哲学中占有重要地位。"生命哲学"也对生态哲学有很大的影响。生态哲学的拥护者反对不加节制的工业发展、技术统治,及其背后所表现出的理性主义、大都市主义。

生态政治(eco-politics)

生态政治中的"生态",主要指的是自然生态。生态政治是指政治系统在处理人与自然的关系时,应采取的对策、应开展的活动和应负的责任。其目的在于寻求一个有利于政治发展、社会进步和生态环境的策略,倡导无污染、少破坏和非暴力等原则,致力于唤起民众的生态保护意识,建立有利于生态保护的产业结构和有利于生态建设的利益机制。作为一门学科时,生态政治学虽然涉及民主、主权、社会正义等传统政治学主题,但它的落脚点不是研究如何利用权力对社会利益和价值进行分配,而是寻求一种确保生态和谐与社会可持续发展的人(社会)与自然的平衡关系。

生态智慧(ecosophy)

作为深层生态学理论的创始人,阿恩·奈斯并没有把自己的生态学思想称为"生态哲学",而是谦逊地使用了"生态智慧T"这一名称。生态智慧是生态(eco)与智慧(sophy)的合成。"今天我们需要的是一种极其扩展的生态思想,我称之为生态智慧。sophy来自希腊词汇sophia,即智慧,它与伦理、准则、规则和实践相关。因此,生态智慧,即深层生态学,意味着实现从科学向智慧的转换。""生态智慧T"中的"T"通常被认为是奈斯在他常登的那座山上用石头搭的小屋(Tvergastein),实际上它代表了奈斯的一个重要的个人品质。奈斯认为可能存在着多种生态智慧(生态智慧A、生态智慧B、生态智慧C……),具有不同文化传统和宗教背景的人可以发展出各自的生态智慧。虽然彼此的观点有所不同,但最重要的是人们可以利用这些智慧来为人类拯救地球而服务,生态智慧T只是众多生态智慧中的一种。(参"**奈斯,阿恩**"、"**深生态学**"条)

生态中心平等主义(ecocentric egalitarianism)

生物圈中的一切存在物都有生存、繁衍和充分体现个体自身以及在"自我实现"中实现"自我"(Self)的权利。奈斯所倡导的生态中心平等并不强调所有存在物绝对意义的平等,而是强调人类和非人类生命都具有自身价值,但不必须是平等的价值。与其他生物中心主义者不同,奈斯并不去过多地争论人类和非人类是否具有相等的、固有的、内在的价值,而是直觉地认为所有的个体(任何物种)都具有相同的生存的权利,从生存的角度来说,生物圈中的所有存在物是平等的。在生态中心平等主义者看来,生物圈中的所有存在物都具有内在价值,这是可以被直觉到的,无需依靠逻辑来证明。因为逻辑需预设前提,而前提作为逻辑的起点又是不能被逻辑证明的。奈斯所强调的直觉并不是毫无根据的直觉,这种直觉来源于对生态学深刻的认识。在奈斯看来,具有一百个物种的生态系统显然比具有三个物种的生态系统具有更大的丰富性和更强的稳定性,所以,生态系统中的一切存在物都有助于形成整个系统的丰富性和稳定性。因此,一切存在物对于整个系统来说都是有价值的。当人们把注意力由人类这个个体转向整个生态系统时,就会发现一切生命体都具有内在目的性,在整个系统中它们是平等的。人类不过是众多物种中的一种,并不具有优于其他存在物的天赋特权。人和其他存在物都是生态系统这张网上的"节"。(参**"奈斯,阿恩"**、**"生态智慧"**条)

生态主义(ecologicalism)

生态主义的核心特征是,相信自然界是一个相互连接的整体,它既包括人类和非人类生物,也包括无生命世界。生态主义本身是一种政治意识形态,因为认为要创建一个可持续的和使人满足的生活方式,必须以人们与非人自然世界的关系和人们的社会与政治生活模式的深刻改变为前提,它采纳了以生态为中心或以生物为中心的观点,赋予自然或星球以优先地位,从而不同于以往以人类为宇宙中心或人类中心论的普通意识形态。生态主义一般强调对自然生态的不依人的利益与趣味为转移的珍视与看护。然而,生态主义通常也被分为两种:"深生态学"完全否定人类在某种意义上比其他物种或自然界更为卓越、更为重要的看法；而"浅生态学"则在接受生态学训诫的同时，又将其限制在为人类的需要和目的服务的范围内。西方生态主义的追求趋向是继渔猎文明、农耕文明和工业文明之后的第四形态——生态文明。

生态主义运动(ecological movement)

西方生态主义运动是西方能源危机、生态失控引发的群众运动，是第二次世界大战后，处于繁荣期的西方社会的社会结构与社会矛盾变化的呈现，是西方近代以来价值观与自然观在资本主义逻辑演绎中的直接结果。经过第二次世界大战后20多年的恢复和繁荣，欧美资本主义国家于20世纪60年代后期开始进入一场新的危机。首先表现在福利经济出现危机，这不仅导致通货膨胀、经济衰退、财政困难、失业上升，而且激化了社会的各种矛盾；其次，两大军事集团的武装对峙给世界和平罩上浓重阴影，尤其是夹在两大对峙的军事集团之间的西欧国家的人民更是处于核威胁的极度恐惧之中；第三，无止境的经济发展要求，尤其是对自然资源的开发利用或占有迅速膨胀，导致全球生态环境急剧恶化，空气和水污染、森林锐减、野生动物大规模灭绝、臭氧层空洞、核泄漏、固体废料堆积等等人为的环境灾难日趋严重，迫使人们不得不认真反思自己对待自然的态度，不得不重新审视人类的未来。同时，传统政治主流派别如自由主义、保守主义、社会民主主义等均未能对上述问题拿出有效的解决方案，治标不治本，令许多有识之士对传统西方政治产生幻灭感。于是，他们便另辟蹊径，开始超越或突破现存的各种意识形态的樊篱，探索一种能从根本上解决生态危机的新型政治模式，西方生态主义由此应运而生。西方生态主义运动从20世纪60年代中期兴起以来,至今已经历了近半个世纪的发展。作为西方新社会运动的主流,生态主义运动及其发展对西方的政治格局及其走向有着重要的影响。一经产生便抓住了不仅是西方社会,而且是全人类面临的关键问题,于是便成了新社会运动的旗帜和代表,成为新社会运动的主导力量。因此,有学者认为西方生态主义运动包括了当代西方的环境保护运动、反战和平运动、反核运动、女权主义运动等,是一种广义的绿色思潮和运动。

生态足迹(ecological foot-print)

由加拿大大不列颠哥伦比亚大学规划,资源生态学教授里斯(Willian E. Rees)和他的同事在1996年提出。生态足迹是为经济增长提供资源(粮食、饲料、树木、鱼类和城市建设用地等)和吸收污染物(二氧化碳、生活垃圾等)所需的地球面积。就是能够持续地提供资源或消纳废物的、具有生物生产力的地域空间(biologically productive areas)。其含义就是要维持一个人、一个地区、一个国家或者全球的生存所需要的或者能够接纳人类所排放的废物的,具有生物生产力的地域面积。生态足迹估计要承载一定生活质量的人口,需要多大的可供人类使用的可再生资源或者能够消纳废物的生态系统,又称之为"适当的承载力"(appropriated carrying capacity)。瓦克纳格尔(Wackernagel)及其同事们测定了从1960年以来地球每年提供给人类经济增长的生态足迹其与地球能提供的生态供给相比,已经超出了地球的能力,这个节点是1980年前后。迄今,已超过了25%左右。这一发现为"全球绿色新政"(Global Green New Deal)思想提供了有力的科学基础和理论基础。(参"**全球绿色新政**"条)

生物多样性(biodiversity)

又称物种歧异度,尚无单独的标准定义,是生物界一个较新的概念,大体上指一定范围内多种多样活的有机体(动物、植物、微生物)有规律地结合所构成的稳定的生态综合体。这种多样包括动物、植物、微生物的物种多样性,物种的遗传与变异的多样性及生态系统的多样性,呈现为一个区域中基因、物种和生态系统的总和。换言之,生物多样性是指所有不同种类的生命,生活在一个地球上,它们相互交替、影响,从而使得地球生态保持平衡,对地球生态以及整个人类都有积极意义。

生物进化(biological evolution)

一切生命形态发生、发展的演变过程。"进化"一词来源于拉丁文evolutio,原意为"展开",一般用以指事物的逐渐变化、发展,由一种状态过渡到另一种状态。1762年,瑞士学者邦尼特最先将此词应用于生物学中。

生物圈(biosphere)

生物圈是地球—太阳特定宇宙条件的产物,指地球上凡是出现并感受到生命活动影响的地区。是地表有机体包括微生物及其自下而上环境的总称,是行星地球特有的圈层,一切物理因素、化学因素和生物因素交织在一起,形成有严格秩序的组织结构,并以这种组织结构为基础实现全球范围的能量转化和物质流动。庞大的生物基因库是生物圈借以保持其有序结构的手段和动力。它也是人类诞生和生存的空间。生物圈是人类赖以生存的环境系统,是地球上最大的生态系统,是自然界与人类关系最为密切的部分。

生物群落(biological community)

生活在一定的自然区域内,相互之间具有直接或间接关系的各种生物的总和。与种群一样,生物群落也有一系列的基本特征,这些特征不是由组成它的各个种群所能包括的,也就是说,只有在群落总体水平上,这些特征才能显示出来。生物群落的基本特征包括群落中物种的多样性、群落的生长形式(如森林、灌丛、草地、沼泽等)和结构(空间结构、时间组配和种类结构)、优势种(群落中以其体大、数多或活动性强而对群落的特性起决定作用的物种)、相对丰盛度(群落中不同物种的相对比例)、营养结构等。

生物种(species)

自然界中实际存在的生物群体单位,同一个种的成员具有相似的形态特征,共同的祖源,在通常情况下生殖隔离,即不与他种杂交,在地球上占有一定的分布区。生物种既是进化的单位,又是生态系统中的功能单位。

湿地生态系统(wetland ecosystem)

介于水、陆生态系统之间的一类生态单元。湿地一词最早出现于1956年美国鱼和野生动物管理局《39号通告》,通告将湿地定义为"被间歇的或永久的浅水层覆盖的土地"。1979年,美国为了对湿地和深水生态环境进行分类,该局对湿地内涵进行了重新界定,认为"湿地是陆地生态系统和水生生态系统之间过渡的土地,该土地水位经常存在或接近地表,或者为浅水所覆盖"。其生物群落由水生和陆生种类组成,物质循环、能量流动和物种迁移与演变活跃,具有较高的生态多样性、物种多样性和生物生产力。

食物链(food chain)

生产者所固定的能量和物质,通过一系列取食和被食的关系而在生态系统中传递,各种生物按照其取食和被食的关系而排列的链状顺序,即称为食物链。生态系统中贮存于有机物的化学能在生态系统中层层传导,通俗地讲,是各种生物通过一系列吃与被吃的关系,把这种生物与那种生物紧密地联系起来,这种生物之间以食物营养关系彼此联系起来的序列,在生态学上被称为食物链。按照生物与生物之间的关系可将食物链分为捕食食物链、腐食食物链(碎食食物链)和寄生食物链。生态系统中的食物链不是固定不变的。(参"**营养级**"条)

史怀泽,阿尔贝特(Albert Schweitzer,1875 – 1965)

法国哲学家、神学家、医生、管风琴演奏家、社会活动家、人道主义者,1952年诺贝尔和平奖得主。1875年,史怀泽诞生于德、法边界阿尔萨斯省的小城凯泽尔贝格。特殊的地理环境使他精通德、法两种语言,他先后获得哲学、神学和医学三个博士学位,还是著名的管风琴演奏家和巴赫音乐研究专家。1904年,在哲学、神学和音乐方面已经拥有巨大声望的他听到刚果缺少医生的呼吁,决定到非洲行医。历经九年的学习,他在38岁的时候获得了行医证和医学博士学位。史怀泽于1913年来到非洲,在加蓬的兰巴雷内建立了丛林诊所,服务非洲直至逝世。他获得了1952年的诺贝尔和平奖,被称为"非洲之子"。1957年,他的传奇经历曾被拍成电影。(参"**敬畏生

命"条)

世界环境与发展委员会(WECD)

通称联合国环境特别委员会或布伦特兰委员会(Brundtland Commission)。在1982年于内罗毕召开的联合国环境管理理事会议上,前日本环境厅长原文兵卫代表日本政府建议设立这种机构,受到代表们的支持。1983年的第38届联合国大会通过成立这个独立机构的决议。由联合国秘书长提名挪威工党当时领袖布伦特兰夫人(Brundtland)任委员会主席,苏丹前外交部长卡利德(Khalid)任副主席。1984年5月本机构正式成立。委员会由主任、委员等22名世界著名学者、政治活动家组成。委员会的主要任务是:审查世界环境和发展的关键问题,创造性地提出解决这些问题的现实行动建议,提高个人、团体、企业界、研究机构和各国政府对环境与发展的认识水平。在1987年于东京召开的环境特别会议上,本委员会又提出《我们共同的未来》(*Our Common Future*)的报告,颇有影响。(参"《我们共同的未来》"条)。

受益者(beneficiary)

即善行的客体,即这样的人或团体,对于他们来说,做出某种良好的道德举动,或者利用这种举动的有益后果是有益的。

水生生态系统(aquatic ecosystem)

地球表面各类水域生态系统的总称。水生生态系统中栖息着自养生物(藻类、水草等)、异养生物(各种无脊椎和脊椎动物)和分解者生物(各种微生物)群落。各种生物群落及其与水环境之间相互作用,维持着特定的物质循环与能量流动,构成了完整的生态单元。

《斯德哥尔摩宣言》(*The Stockholm Declaration*)

即《联合国人类环境会议宣言》(*Declaration of the United Nations Conference on the Human Environment*),1972 年 6 月 16 日联合国人类环境会议全体会议于斯德哥尔摩通过。该宣言是这次会议的主要成果,阐明了与会国和国际组织所取得的七点共同看法和 26 项原则,以鼓舞和指导世界各国人民保护和改善人类环境。七点共同看法的大意是:1. 由于科学技术的迅速发展,人类能在空前规模上改造和利用环境。人类环境的两个方面,即天然和人为的两个方面,对于人类的幸福和对于享受基本人权,甚至生存权利本身,都是必不可少的;2. 保护和改善人类环境是关系到全世界各国人民的幸福和经济发展的重要问题,也是全世界各国人民的迫切希望和各国政府的责任;3. 在现代,如果人类明智地改造环境,可以给各国人民带来利益和提高生活质量;如果使用不当,就会给人类和人类环境造成无法估量的损害;4. 在发展中国家,环境问题大半是由于发展不足造成的,因此,必须致力于发展工作;在工业化的国家里,环境问题一般是同工业化和技术发展有关;5. 人口的自然增长不断给保护环境带来一些问题,但采用适当的政策和措施,可以解决;6. 我们在解决世界各地的行动时,必须更审慎地考虑它们对环境产生的后果。为现代人和子孙后代保护和改善人类环境,已成为人类一个紧迫的目标。这个目标将同争取和平和全世界的经济与社会发展两个基本目标共同和协调实现;7. 为实现这一环境目标,要求人民和团体以及企业和各级机关承担责任,大家平等地从事共同的努力。

各级政府应承担最大的责任。国与国之间应进行广泛合作,国际组织应采取行动,以谋求共同的利益。会议呼吁各国政府和人民为着全体人民和他们的子孙后代的利益而作出共同的努力。以这些共同的观点为基础的二十六项原则包括:人的环境权利和保护环境的义务,保护和合理利用各种自然资源,防治污染,促进经济和社会发展,使发展同保护和改善环境协调一致,筹集资金,援助发展中国家,对发展和保护环境进行计划和规划,实行适当的人口政策,发展环境科学、技术和教育,销毁核武器和其他一切大规模毁灭手段,加强国家对环境的管理,加强国际合作等等。这些原则申明了共同的信念:1.人类有权在一种能够过尊严和福利的生活环境中,享有自由、平等和充足的生活条件的基本权利,并且负有保护和改善这一代和将来的世世代代的环境的庄严责任。在这方面,促进或维护种族隔离、种族分离与歧视、殖民主义和其他形式的压迫及外国同志的政策,应该受到谴责和必须消除;2.为了这一代和将来的世世代代的利益,地球上的自然资源,其中包括空气、水、土地、植物和动物,特别是自然生态类中具有代表性的标本,必须通过周密计划或适当管理加以保护;3.地球生产非常重要的再生资源的能力必须得到保护,而且在实际可能的情况下加以恢复或改善;4.人类负有特殊的责任保护和妥善管理由于各种不利的因素而现在受到严重危害的野生动物后嗣及其产地。因此,在计划发展经济时必须注意保护自然界,其中包括野生动物;5.在使用地球上不能再生的资源时,必须防范将来把它们耗尽的危险,并且必须确保整个人类能够分享从这样的使用中获得的好处;6.为了保证不使生态环境遭到严重的或不可挽回的损害,必须制止在排除有毒物质或其他物质以及散热时其数量或集中程度超过环境能使之无害的能力。应该支持各国人民反对污染的正义斗争；7. 各国应该采取一切可能的步骤来防止海洋受到那些会对人类健康造成危害的、损害生物资源和破坏海洋生物舒适环境的或妨害对海洋进行其他合法利用的物质的污染；8. 为了保证人类有一个良好的生活和工作环境，为了在地球上创造那些对改善生活质量所必要的条件，经济和发展是非常必要的；9. 由于不发达和自然灾害的原因而导致环境破坏造成了严重的问题。克服这些问题的最好办法，是移用大量的财政和技术援助以支持发展中国家本国的努力，并且提供可能需要的及时援助，以加速发展工作；10. 对于发展中的国家来说，由于必须考虑经济因素和生态进程，因此，使初级产品和原料有稳定的价格和适当的收入是必要的；11. 所有国家的环境政策应该提高，而不应该损及发展中国家现有或将来发展潜力，也不应该妨碍大家生活条件的改善。各国和各国际组织应当采取适当步骤，以便应付因实施环境措施所可能引起的国内或国际的经济后果达成协议；12. 应筹集基金来维护和改善环境，其中要照顾到发展中国家的实际情况和特殊性，照顾他们由于在发展计划中列入环境保护项目的任何费用，以及应他们的请求而供给额外的国际技术和财政援助的需要；13. 为了实现更合理的资源管理从而改善环境，各国应该对他们的发展计划采取统一和谐的做法，以保证为了人民的利益，使发展同保护和改善人类环境的需要相一致；14. 合理的计划是协调发展的需要和保护与改善环境的需要相一致的；15. 人的定居和城市化工作必须加以规划，以避免对环境的不良影响，并为大家取得社会、经济和环境三方面的最大利益。在这方面，必须停止为殖民主义和种族主义统治而制订的项目；16. 在人口增长率或人口过分集中可能对环境或发展产生不良影响的地区，或在人口密度过低可能妨碍人类环境改善和阻碍发展的地区,都应采取不损害基本人权和有关政府认为适当的人口政策;17. 必须委托适当的国家机关对国家的环境资源进行规划、管理或监督,以期提高环境质量;18. 为了人类的共同利益,必须应用科学和技术以鉴定、避免和控制环境恶化并解决环境问题,从而促进经济和社会发展;19. 为了广泛地扩大个人、企业和基层社会在保护和改善人类各种环境方面提出开明舆论和采取负责行为的基础,必须对年青一代和成人进行环境问题的教育,同时应该考虑到对不能享受正当权益的人进行这方面的教育;20. 必须促进各国,特别是发展中国家的国内和国际范围内从事有关环境问题的科学研究及其发展。在这方面,必须支持和促使最新科学情报和经验的自由交流以便解决环境问题;应该使发展中的国家得到环境工艺,其条件是鼓励这种工艺的广泛传播,而不成为发展中国家的经济负担;21. 按照联合国宪章和国际法原则,各国有自己的环境政策开发自己资源的主权;并且有责任保证在他们管辖或控制之内活动,不致损害其他国家的或在国家管辖范围以外地区的环境;22. 各国应进行合作,以进一步发展有关他们管辖或控制之内的活动对他们管辖以外的环境造成的污染和其他环境损害的受害者承担责任和赔偿问题的国际法;23. 在不损害国际大家庭可能达成的规定和不损害必须由一个国家决定的标准的情况下,必须考虑各国的价值制度和考虑对最先进的国家有效,但是对发展中国家不适合或具有不值得的社会代价的标准可行程度;24. 有关保护和改善环境的国际问题应当由所有的国家,不论其大小,在平等的基础上本着合作精神来加以处理,必须通过多边或双边的安排或其他合适途径的合作,在正当地考虑所有国家的主权和利益的情况下,防止、消灭或减少和有效的控制各方面的行动所造成的对环境的有害影响;25. 各国应保证国际组织在保护和改善环境方面起协调的、有效的和能动的作用;26. 人类及其环境必须免受核武器和其他一切大规模毁灭性手段的影响。各国必须努力在有关的国际机构内就消除和彻底销毁这些种武器迅速达成协议。《宣言》明确宣布:"按照联合国宪章和国际法原则,各国具有按照其环境政策开发起资源的主权权利,同时亦负有责任,确保在他管辖或控制范围内的活动,不致对其他国家的环境或其本国管辖范围以外地区的环境引起损害。""有关保护和改善环境的国际问题,应当由所有国家,不论大小在平等的基础上本着合作精神来加以处理。"这项宣言对于促进国际环境法的发展具有重要作用。(参"国际环境法"条)

斯多葛主义(stoicism)
公元前四世纪末产生于古希腊的一种伦理学说。公元最初几个世纪在罗马得到发展。在斯多葛派看来,命运和上帝所安排的不可避免的必然性主宰着世界。所以高尚的道德就在于使生活"顺应自然"和顺应神的圣秩,这种圣秩无论如何人是不可能改变的。由此得出了斯多葛派对美德的与众不同的解释,即完全顺从命运,听任命运的摆布,弃绝尘世的热情和欲望,洞察自己的内心世界。这种内心的情绪同时被斯多葛派看作一个人真正幸福的状态。斯多葛主义学说本身反映了古希腊罗马社会的深刻危机,也反映了该社会许多阶层的思想趋向,因为这些阶层没有看清把社会关系变得更好的道路。斯多葛派道德观念后来被基督教接受(罪孽、宿命论、世界末日论、忍耐、驯服),嗣后斯多葛主义被成为生活的道德原则,它要求恬淡寡欲,即使在不顺利的情况下也要严格遵守道德要求,逆来顺受,听天由命,放弃为实现个人利益的斗争。斯多葛主义的道德方针,通过自律和履行义务的方式,目的在于培养个人同异化的敌对世界相对立的能力。斯多葛主义只准许盲目信任从道德上改变人们的面貌,或者只相信通过限制科学、技术和需要发展的途径,通过运用建立在相互帮助、热爱和无暴力的超阶级原则之上的"新伦理学"途径,来改造社会关系的乌托邦计划。

酸雨(acid rain)

出现酸雨的主要原因是大气的二氧化硫污染。工业革命以来,人类燃烧了大量石油、煤炭,其中皆有大量硫的存在,燃烧之后,含硫化合物被氧化成氧化硫类物质(SO_x)。二氧化硫本身就是一种有毒的物质,同时它与大气中的臭氧、过氧化氢和水蒸气反应形成硫酸(H_2SO_4),并与大气中各种物质发生反应,由此引起了一些区域降雨的酸度增加,形成酸雨。

T

碳汇(carbon sink)

一般是指从空气中清除二氧化碳的过程、活动、机制。主要是指森林吸收并储存二氧化碳的多少,或者说是森林吸收并储存二氧化碳的能力。森林碳汇是指森林植物吸收大气中的二氧化碳并将其固定在植被或土壤中,从而减少该气体在大气中的浓度。森林是陆地生态系统中最大的碳库,在降低大气中温室气体浓度,减缓全球气候变暖中,具有十分重要的独特作用。

天人合一

中国文化史上长期占主导地位的思想,从开始起,就与道德的问题紧密联系在一起。《礼记·表记》中说:"殷人尊神,率民以事神。"殷人把有意志的神("帝"或"天帝")看成是天地万物的主宰,万事求卜,凡遇征战、田猎、疾病、行止等等,都要求卜于神,以测吉凶祸福。这种天人关系实际上是神人关系,由于殷人心目中的神的道德属性并不明显,所以殷人与神之间基本上采取了一种无所作为、盲目屈从于神的形式。西周继承了商代的思想,天人关系还是一种神人关系,但有了新的发展。西周时期的天命观明显地赋予神(即周人的"天")以"敬德保民"的道德属性:"天"之好恶与人之好恶一致,"天命"与"人事"息息相通。"皇天无亲,惟德是辅。"(《尚书·蔡仲之命》)道德规范是有人格意志的"天"为"保民"而赐予人间的。人服从天命,是一种道德行为,天就会赏赐人,否则,天就会降罚于人。这就说明,"天人合一"的思想在西周的天命观中已有了比较明显的萌芽。周公提出的"以德配天",更是"天人合一"思想的明确表达。儒家的"天人合一"说一般都以孟子为倡导者,但从根源上看还是应该从孔子谈起。孔子很少谈天道,但还是认为唯天为大。"天生德于予,桓魋其如予何?""天之未丧斯文也,匡人其如予何?"道德文章皆天之所予者,我受命于天,任何大难都无可奈何于我。在这里,"天"是道德权威性的最终根据。孔子的"天"似乎仍然保留了有意志的人格神的意义,孔子这些言论中所包含的"天人合一"思想显然还有西周人神关系的遗迹。但孔子所讲的道德的核心是"仁",他在讲"仁"的根源时,却很少把"仁"的根源归之于人格神意义的"天"。相反,他所强调的是,孝悌之类的自然感情是"为仁之本"(《论语·学而》)。他认为"仁"出自人天生的"直",亦即一种自然的本性。也就是说,孔子的"天人合一"思想已由"远"及"迩",这就为孟子的"天人合一"观开辟了道路。孟子的"天"极少有人格神的含义,它有时指人力所无可奈何的命运,但主要是指道德之天。他的"天人合一"思想讲的是人与义理之天的合一。"尽其心者,知其性也;知其性则知天矣。"(《孟子·尽心上》)人性在于人心,故尽心则能知性,而人性乃"天之所与我者"(《孟子·告子上》),所以天人是合一的。"天人合一"在孟子这里就是指人性、人心以天为本。人心有"恻隐之心"、"羞恶之心"、"恭敬之心"、"是非之心"。"恻隐之心,仁也;羞恶之心,义也;恭敬之心,礼也;是非之心,智也。"仁义礼智四者,人皆有之,他把它们称为"四端",人心有四端,所以人性本善。人之善性既"天之所与我者",是天给的,又是"我固有之"者,是我本身固有的,所以天与人合一。这样孟子就明确地奠定了儒家"天人合一"思想的核心。中国传统文化中深厚的审美意蕴主要源于庄子的"天人合一"思想。老庄的"天人合一"思想不同于孔孟。孟子是把人的道德意识赋予天,然后又以这种有道德意识的天作为人伦道德的本体论根据。老庄思想中的天,无论是指自然而然之"道"还是指自然本身,都没有人伦道德的含义,故老庄的"天人合一"思想所强调的是贬抑人为,提倡不要以人灭天。"天人合一"思想在老子这里表现为与"道"为一,与道为一则"无为","无为"即听任万物之自然。人能顺乎"道",顺乎自然之常就是"无为",而"无为"就能做到"无不为"。庄子在老子道论的基础上,更多地讲人的精神境界。他在《庄子·齐物论》中所说的"天地与我并生,而万物与我为一"的精神境界,就是他所明确界定的一种"天人合一"境界。这里的"天"就是指自然,人与天地万物之自然合为一体,人与我、人与物的分别,都已经不存在。

《天演论》

中国近代启蒙思想家、翻译家严复(1853—1921)译述了赫胥黎的《进化论与伦理学》,名曰《天演论》。《天演论》是托马斯·赫胥黎宣传达尔文主义的重要著作。原为应英国牛津大学罗马尼斯讲座之邀所作的讲演,后来增加了导论与其他论文一起发表,名为《进化论与伦理学》,书的前半部分讲进化论,后半部分讲伦理学,严复选译了部分导言和讲稿的前半部分。严复在翻译时,强调了赫胥黎的进化论思想,采取了意译形式,加有诸多按语,表达自己的见解和主张。《天演论》分为上下两卷,上卷为十八篇导言,即察变、广义、趋异、人为、互争、人择、善败、乌托邦、汰蕃、择难、蜂群、人群、制私、恕败、最旨、进微、善群、新反。下卷为十七篇论,即能实、忧患、教源、严意、天刑、佛释、种业、冥往、真幻、佛法、学派、天难、论性、矫性、演恶、群治、进化。《天演论》的基本观点是：自然界的生物不是万古不变，而是不断进化的；进化的原因在于"物竞天择"，"物竞"就是生存竞争，"天择"就是自然选择；这一原理同样适用于人类，不过人类文明愈发展，适于生存的人们就愈是那些伦理上最优秀的人。

外来生物入侵(the invasion of alien species)

对于一个特定的生态系统与栖息环境来说,非本地的生物(包括植物、动物和微生物)通过各种方式进入此生态系统,并对生态系统、栖境、物种、人类健康带来威胁的现象,被称为外来生物入侵。对于一个特定的生态系统与栖息环境来说,任何非本地的生物都叫外来生物,它指的是出现在其自然分布范围(过去或现在)和分布位置以外(即在原分布范围以外自然定植的,或没有直接或间接引进,或没有人类活动就不能定植)的一种物种、亚种或低级分类群,包括这些物种能生存和繁殖的任何部分、配子或繁殖体。而外来生物入侵是指对生态系统、栖境、物种、人类健康带来威胁的外来种,由原生存地经自然的或人为的途径侵入到另一个新环境,对入侵地的生物多样性、农林牧渔业生产以及人类健康造成经济损失或生态灾难的过程。

王守仁(1472—1529)

幼名云,字伯安,号阳明子,谥文成,人称王阳明。浙江承宣布政使司绍兴府余姚县(今浙江省余姚市)人。明代最著名的思想家、教育家、文学家、书法家、哲学家和军事家,官至南京兵部尚书、南京都察院左都御史,因平定宸濠之乱等军功而被封为新建伯,隆庆年间追封侯爵。王守仁是陆王心学之集大成者,非但精通儒、释、道三教,而且能够统军征战,是中国历史上罕见的全能大儒。王守仁秉承陆九渊的学说,使陆的思想得以发扬光大,因此他们被称为"陆王学派"。陆九渊从"心即理"说出发,认为格物的下手处,就是体认本心。王守仁并不满意陆九渊的解释,他说:陆象山之学,"其学问思辨,致知格物之语,虽亦未免沿袭之累"。王守仁反对通过事事物物追求"至理"的"格物致知"方法,因为事理无穷无尽,格之则未免烦累,故提倡从自己内心中去寻找"理",认为"理"全在人"心","理"化生宇宙天地万物,人秉其秀气,故人心自秉其精要。正如陆九渊所言"心接具是理,心即理也",何消外求? 故明"本心"则明"天理"。故王守仁强调:"心一而已,以其全体恻怛而言谓之仁,以其得宜而言谓之义,以其条理而言谓之理。不可以心外求仁,不可外心以求义,独可外心以求理乎? 外心以求理,此知行之所以二也;求理于吾心,此圣门知行合一之教。"在知与行的关系上,王守仁从"天地万物本吾一体"出发,反对朱熹的"先知后行"之说。王守仁认为既然知道这个道理,就要去实行这个道理。如果只是自称为知道,而不去实行,那就不能称之为真正的知道,真正的知识是离不开实践的。比如,当知道孝顺这个道理的时候,就已经对父母非常的孝顺和关心;知道仁爱的时候,就已经采用仁爱的方式对待周围的朋友,真正的知行合一在于确实的按照所知在行动,知和行是同时发生的。他的目的在于"发动处有不善,就将这不善的念克倒了,需要彻根彻底,不使那一念不善潜伏在胸中"。

维度(dimension)

维,指一种度量;维度,是数学中独立参数的数目。在物理学和哲学领域,则指独立的时空坐标的数目。0维是一点,没有长度;1维是线,其标识是长度;2维是一个平面,长度和宽度(或曲线)形成面积;3维是2维加上高度形成体积面。或者说,0维度空间是一个点,几不占任何空间,点就是0维空间。当无数点集合排列之后,形成了线,直线就是一维空间,无数的线构成了一个平面,平面就是二维空间;无数的平面并列构成了三维空间,即立体空间。我们周围的空间有3个维(上下,前后,左右)。我们可以往上下、东南西北移动,其他方向的移动只需用3个三维空间轴来表示。物理学上,时间是第四维,与三个空间维不同的是,它只有一个,且只能往一方向前进。我们所居处的时空有四个维——3个空间轴和1个时间轴,根据爱因斯坦的概念推测为四维空间,我们的宇宙是由时间和空间构成,而这条时间轴是一条虚数值的轴。

温室气体(greenhouse gas,GHG)

水蒸气、二氧化碳等对长波辐射有强烈吸收作用的气体。温室气体的隔热性质将大气平均温度从 $-18℃$ 提升到 $15℃$。在所有温室气体中,二氧化碳起着最重要的作用,约占总作用的50%以上。因此,全球变暖与大气中温室气体特别是二氧化碳的体积分数增加有密切联系。

温室效应(greenhouse effect)

透射阳光的密闭空间由于与外界缺乏热交换而形成的保温效应,就是太阳短波辐射可以透过大气射入地面,而地面增暖后放出的长波辐射却被大气中的二氧化碳等物质所吸收,从而产生大气变暖的效应。大气中的二氧化碳就像一层厚厚的玻璃,使地球变成了一个大暖房。温室效应会对生态环境产生重要影响:全球气候变暖、地球上的病虫害增加、海平面上升、气候反常、土地沙漠化等。

文化(culture)

文化是人类对自然(包括人类自身)的改变,广义的文化是指人类对世界的非自然化;狭义的文化是人类对自身的非自然化。1."文化"是汉语言系统中古已有之的词汇。"文"的本义,指各色交错的纹理。《易·系辞下》:"物相杂,故曰文。"《礼记·乐记》:"五色成文而不乱。"《说文解字》:"文,错画也,象交叉"均指此义。在此基础上,"文"又有若干引申义。其一,为包括语言文字内的各种象征符号,进而具体化为文物典籍、礼乐制度。《尚书·序》所载伏羲画八卦,造书契,"由是文籍生焉",《论语·子罕》所载孔子说"文王既没,文不在兹乎",是其实例。其二,由伦理之说导出彩画、装饰、人为修养之义,与"质"、"实"对称。《尚书·舜典》疏曰:"经纬天地曰文。"《论语·雍也》:"质胜文则野,文胜质则史,文质彬彬,然后君子。"其三,在前两层意义之上,更导出美、善、德行之义。《礼记·乐记》:"礼减而进,以进为文。"郑玄注:"文犹美也,善也。"《尚书·大禹谟》:"文命敷于四海,祗承于帝。""化",本义为改易、生成、造化。《庄子·逍遥游》:"化而为鸟,其名曰鹏。"《易·系辞下》:"男女构精,万物化生。"《黄帝内经·素问》:"化不可代,时不可违。"《礼记·中庸》:"可以赞天地之化育。"简言之,"化"指事物形态或性质的改变,同时"化"又引申为教行迁善之义。"文"与"化"并联使用,较早见之于《易·贲卦·象传》:"(刚柔交错),天文也。文明以止,人文也。观乎天文,以察时变;观乎人文,以化成天下。"这段话说,治国者须观察天文,以明了时序之变化,又须观察人文,使天下之人均能遵从文明礼仪,行为止其所当止。在这里,"人文"与"化成天下"紧密联系,"以文教化"的思想已十分明确。西汉以后,"文"与"化"方合成一个整词,如"圣人之治天下也,先闻得而后武力。凡武之兴,为不服也。文化不改,然后加诛"(《说苑·指武》),"文化内辑,武功外悠"(《文选·补之诗》)。这里的"文化",或与天造地设的自然对举,或与无教化的"质朴"、"野蛮"对举。因此,在古汉语系统中,"文化"的本义就是"以文教化",它表示对人的性情的陶冶,品德的教养,本属精神领域之范畴。2. 西方文化的概念。文化最初指土地的开垦及植物的栽培,以后指对人的身体、精神、特别是艺术和道德能力和天赋的培养;亦指人类社会在征服自然和自我发展中所创造的物质和思想财富。3. 现代意义上的文化。文化概念内涵丰富,要下一个严格和精确的定义非常困难。目前有关文化的定义有二百多种,大多是从某一学科的角度来界定文化的概念,因而迄今为止没有一个公认的、令人满意的定义。笼统地说,文化是一种社会现象,是人们长期创造形成的产物,同时又是一种历史现象,是社会历史的积淀物。确切地说,文化是指一个国家或民族的历史、地理、风土人情、传统习俗、生活方式、文学艺术、行为规范、思维方式、价值观念等。广义的文化,指的是人类在社会历史发展过程中所创造的物质和精神财富的总和,包括物质文化、制度文化和心理文化三个方面。物质文化是指人类创造的种种物质文明,包括交通工具、服饰、日常用品等,是一种可见的显性文化;制度文化和心理文化分别指生活制度、家庭制度、社会制度以及思维方式、宗教信仰、审美情趣,它们属于不可见的隐性文化。包括文学、哲学、政治等方面内容。狭义的文化是指人们普遍的社会习惯,如衣食住行、风俗习惯、生活方式、行为规范等。

文化创意产业(Cultural and Creative Industries)
一种在经济全球化背景下产生的以创造力为核心的新兴产业，强调一种主体文化或文化因素依靠个人(团队)通过技术、创意和产业化的方式开发、营销知识产权的行业。文化创意产业主要包括广播影视、动漫、音像、传媒、视觉艺术、表演艺术、工艺与设计、雕塑、环境艺术、广告装潢、服装设计、软件和计算机服务等方面的创意群体。

文化生态(cultural ecology)
"文化生态"是借用生态学的方法来研究文化现象而产生的一个概念，在这一术语中，"生态"是主题词，即文化的环境。美国文化人类学家朱利安·斯图尔德(Julian Steward)于1955年首次提出"文化生态学"概念，倡导成立专门的学科，目的在于"解释那些具有不同地方特色的独特的文化形貌和模式的起源"。20世纪80年代以来，国内众多学者在借鉴斯图尔德观点的基础上，对文化生态的内涵进行了较全面深刻的探讨，主要有以下三种认识：1. 文化生态是各种文化相互作用、相互影响而形成的动态系统。2. 文化生态是文化系统与生态环境系统的耦合。人类创造的文化是与其生存空间的环境及其变化相依相伴，文化生态是一种文化的自然生态与人文生态的综合。3. 文化生态作为一种新的生存智慧、生存策略，具有鲜明的特点。文化生态的基本因素与特征可概括为以下几点：1. 文化系统必然是由文化主体及其环境共同构成，而文化主体可以具体划分为文化产品的生产者、消费者和分解者等类型；2. 文化系统是一个各部分、各因素普遍联系、相互作用的整体，系统内部又可以存在不同的等级和层面,大系统可拥有若干小系统;3.文化系统内部同样有着物质、能量与信息的流动,这种流动具有交互、反馈、循环以及自我调节等特征,并且其自我调节能力随着系统内部文化数量的增加而增加;4.文化系统在整体上又是运动、变化的,这些运动、变化是可感可测且在一定程度上经验可控制性的,或者说可以是优化,也可以是退化。这反映出,文化生态是借用生态学的方法来研究文化现象的基本特点。

《我们共同的未来》(*Our Common Future*)

联合国于1983年12月成立了由挪威首相布伦特兰夫人为主席的"世界环境与发展委员会",对世界面临的问题及应采取的战略进行研究。1987年,"世界环境与发展委员会"发表了影响全球的题为《我们共同的未来》的报告,它分为"共同的问题"、"共同的挑战"和"共同的努力"三大部分。在集中分析了全球人口、粮食、物种和遗传资源、能源、工业和人类居住等方面的情况,并系统探讨了人类面临的一系列重大经济、社会和环境问题之后,这份报告鲜明地提出了三个观点:1.环境危机、能源危机和发展危机不能分割;2.地球的资源和能源远不能满足人类发展的需要;3.必须为当代人和下代人的利益改变发展模式。在此基础上报告提出了"可持续发展"的概念。报告深刻指出,在过去,我们关心的是经济发展对生态环境带来的影响,而现在,我们正迫切地感到生态的压力对经济发展所带来的重大影响。因此,我们需要有一条新的发展道路,这条道路不是一条仅能在若干年内、在若干地方支持人类进步的道路,而是一直到遥远的未来都能支持全球人类进步的道路。这一鲜明、创新的科学观点,把人们从单纯考虑环境保护引导到把环境保护与人类发展切实结合起来,实现了人类有关环境与发展思想的重要飞跃。报告以"持续发展"为基本纲领,以丰富的资料论述了当今世界环境与发展方面存在的问题,提出了处理这些问题的具体的和现实的行动建议。报告的指导思想是积极的,对各国政府和人民的政策选择具有重要的参考价值。《我们共同的未来》中译本于 1989 年出版。(参"**布伦特兰,格罗·哈莱姆**"、"**可持续发展**"条)

物种(species)

由许多群体组成的生殖单元(与其他单元生殖上隔离),在自然界中占有一定的生境位置。它是生态系统中的功能单位,由其内聚因素(生殖、遗传)联系起来的、可随时间变迁而进化、改变的个体集合。

《物种起源》(On the Origin of Species)

全称《论借助自然选择(即在生存斗争中保存优良族)的方法的物种起源》,是达尔文论述生物演化的重要著作,出版于 1859 年。该书是 19 世纪最具争议的著作之一,其中的观点大多数为当今的科学界普遍接受。在该书中,达尔文首次提出了演化论的观点。他使用自己在 19 世纪 30 年代环球科学考察中积累的资料,试图证明物种的演化是通过自然选择(天择)和人择的方式实现的。《物种起源》是进化论奠基人达尔文的第一部巨著,全书分为十五编,前有引言和绪论。十五编的目次为:第一,家养状态下的变异;第二,自然状态下的变异;第三,生存斗争;第四,自然选择;第五,变异的法则;第六,学说之疑难;第七,对自然选择学说的各种异议;第八,本能;第九,杂种性质;第十,地质记录的不完整;第十一,古生物的演替;

第十二,生物的地理分布;第十三,生物的地理分布续篇;第十四,生物间的亲缘关系:形表学、胚胎学和退化器官;第十五,综述和结论。从前十四个篇目上,可以清晰地看到《物种起源》的内容:讲述生物进化的过程与法则。而在这前14章中,又可以分成3部分,分别是1至5章,6至10章和11到14章。第一部分的内容是全书的主体及核心,标志着自然选择学说的建立。第2部分中作者设想站在反对者的立场上给进化学说提出了一系列质疑,再一一解释,使之化解。这正表现出作者的勇气和学说本身不可战胜的生命力。在第三个大部分,达尔文用它的以自然选择为核心的进化论对生物界在地史演变、地理变迁、形态分宜、胚胎发育中的各种现象进行了令人信服的解释,从而,使这一理论获得了进一步支撑。《物种起源》自1859年在伦敦出版以来,受到众多市民的热烈欢迎,被争相购买。这本书的第一版1250册在出版之日就全部售罄。它以全新的进化思想推翻了神创论和物种不变论,把生物学建立在科学的基础上,提出震惊世界的论断:生命只有一个祖先,生物是从简单到复杂,从低级到高级逐渐发展而来的。它发表传播后,生物普遍进化的思想以及"物竞天择,适者生存"的进化论已为学术界、思想界公认为19世纪自然科学的三大发现之一。20世纪40年代初,英国人霍尔丹(John B. S. Haldane)和美籍苏联生物学家杜布赞斯基(T. Dobzhansky)在达尔文思想的影响下,创立了"现代进化论"。(参"**达尔文,查尔斯·罗伯特**"条)

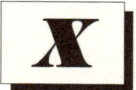

系统(system)

彼此间相互作用、相互依赖的事物有规律地联合的集合体,是有序的整体。构成系统至少需要 3 个条件:系统是由许多成分组成的;各成分间不是孤立的,而是彼此联系、相互作用的;系统具有独立的、特定的功能。

消费者(consumer)

针对生产者而言的,即它们不能从无机物质中制造有机物质,而是直接或间接地依赖于生产者所制造的有机物质,因此属于异养生物(heterotroph)。

消费主义(consumerism)

西方国家普遍流行的一种社会道德现象,是规定行为、生活关系的风格的方向的一些有规律的思想、期望和情绪的总和,其中活动的指导方针是渴望有吸引力的消费,渴望得到最大的享乐和消遣。发达资本主义社会的日常意识所特有的消费主义同资产阶级改良主义的社会信仰和道德观念罗织为一个体系。在现代资产阶级哲学和社会学中,这种社会信仰和道德观念的理论表现是"消费性的"、"后工业化"的社会观点等。消费主义精神在发达的资本主义国家中的传播促进了生活水平和生活舒适标准的相当的提高,增加了广大居民阶层的空余空间。消费主义还履行着扩大再生产所必须的人为的刺激消费的经济职能。在当代快乐主义的变体中,可以找到消费主义的完全适应的表现;在这种条件下,资产阶级道德体系的规定所特有的是:放弃有节制的要求,加深目的和手段之间的脱离,限制利用个人之间的关系进行道德评价的范围,道德义务的进一步形式主义化,认为行为的德性同盲从社会舆论所赞许的各种原则和规范是一样的。由于消费主义加剧了资产阶级个人主义的危机,它就使得人的关系丧失人道性,引起社会联系的中断,引起非道德论和犬儒主义增长,造成精神衰退、个性瓦解。而且从生态伦理学的立场上看,消费主义对生态系统的破坏是主要的。

心理分析女性主义(psychoanalytical feminism)

心理分析女性主义认为,解释目前社会中的男女关系,用两性的生理区别来解释是无效的,二者的区别主要属于心理的范畴,是儿童的社会教化过程造成的。男性对女性的压制不是政治的和经济的,而是心理的,即女性是下等人这一心理的内化。心理学对女性的思维模式有一套刻板印象(steorotype),其中包括,它是异性恋的,是被动的,是富于哺育性的,是忌妒男性的,是较少伦理观念的,是难以预见的,是缺乏理智的。性别主义就像种族主义一样,把女人视作孩童,好像她们都是乐天知命安于现状的,都是遇事凭直觉而非凭理性判断的,都是接近自然而非文化的,都是无能力而且无竞争力的。

辛格,彼得(Peter Singer,1946——)

澳大利亚和美国著名伦理学家,现任教于澳大利亚莫纳虚大学哲学系。曾任国际伦理学学会主席,是世界动物保护运动的倡导者。1973年4月5日,彼得·辛格在《纽约书评》上撰文,首次提出"动物解放"(Animal Liberation)一词,其代表作是在这篇文章基础上写成的《动物解放》一书,从1975年出版以来,被翻译成20多种文字,在几十个国家出版,英文版的重版达26次之多。(参"**动物解放**"、"**感性能力论**"条)

新达尔文主义(Neo-Darwinism)
C. R. 达尔文的自然选择理论和 A. 魏斯曼(August Weismann)的种质学说相结合的一种生物进化理论。新达尔文主义产生于19世纪末,创立者是德国生物学家魏斯曼。美国遗传学家 T. H. 摩尔根(T. H. Morgan)、英国遗传学家 J. A. 汤姆逊(J. A. Thomson)也是有影响的新达尔文主义者。1896年,G. J. 罗马尼斯(G. J. Romanes)首次将这种理论称为"新达尔文主义"。19世纪下半叶,细胞学取得了长足的进步,陆续发现了细胞核、染色体以及有丝分裂、减数分裂等重要事实。在这些成就的基础上,魏斯曼通过自己的实验研究,认真探讨了遗传和进化问题。他做了著名的小鼠尾巴切割实验,发现连续切割22代,小鼠尾巴并未变短,他由此否定获得性状遗传。魏斯曼提出,生物体由种质和体质所组成。种质即遗传物质,专司生殖和遗传;体质执行营养和生长等机能。种质是稳定的、连续的,不受体质的影响,它包含在性细胞核主要是染色体里。获得性状是体质的变化,因而不能遗传。魏斯曼认为,进化是种质的有利变异经自然选择的结果。1917年,摩尔根提出"基因论",把魏斯曼的种质发展为染色体上直线排列的遗传因子、即基因。新达尔文主义是进化学说发展中承上启下的一个重要阶段。魏斯曼把遗传学和自然选择学说结合起来,开创了进化论研究的新方向。他首次区分种质和体质,指明了遗传的物质基础及其连续性,在遗传机制上补充了达尔文的观点。这是新达尔文主义的重要贡献。然而,魏斯曼把种质和体质绝对对立起来,具有一定的局限性。(参"**拉马克主义**"、"**达尔文主义**"条)

幸福观(The concept of happiness)

属于伦理学范畴的一个概念,是指人们对幸福的根本看法。幸福是指人们在创造物质生活和精神生活条件的实践中,由于目标和理想的实现而感到精神上的满足。幸福观是人们的世界观、人生观的反映。由于人们的生活价值目标不同,人们的幸福观也就不同。尤其是不同的阶级有不同的幸福观。资产阶级的幸福观的基本特征是利己主义、享乐主义、个人主义,认为物质享受与个人私欲的满足是衡量幸福快乐的尺度。马克思主义幸福观认为,每个人都在谋求幸福,个人的幸福和大家的幸福是分不开的。

徐更生(1936—)

男,汉族。第十届全国政协常委,前中国国外农业经济学会会长。中国著名三农问题专家,中国民主同盟中央经济与地区发展委员会主任,中国生态文化宏观战略研究课题专家,中国社会科学院研究员。1960年中国人民大学农业经济系毕业后被分配到中国科学院哲学社会科学部(现为中国社会科学院)经济研究所世界经济研究室研究美国工业经济、美苏经济关系问题、美国农业和农业政策等方面的研究。1981年受单位派遣作为访问学者先后去美国康奈尔大学和威斯康星(麦迪逊)大学农业经济系以及美国农业部经济研究局研究美国农业政策。1983年回国后,全心投入关于我国农业改革与发展道路问题的研究,借鉴国外农业发展的经验,针对国内农业现状与改革遇到的问题撰写大量著作提出一系列对策建议。从90年代开始,研究领域进一步延伸到生态文明与生态农业,并采用生态技术在各地发展生态产业建设的试验,改良和修复已被破坏了的部分农业生态环境,推行生态农业建设。主要代表作有《美国农业政策》(获1993年中国社会科学院首届优秀科研成果奖)、《比较合作经济》(1992)和《我们的治农方略》(2006)以及大量研究报告及学术论文。

荀子(约公元前313—前238)

名况,字卿,因避西汉宣帝刘询讳,因"荀"与"孙"二字古音相通,故又称孙卿。战国末期赵国人。著名思想家、文学家、政治家,儒家代表人物之一。曾三次出任齐国稷下学宫的祭酒,后为楚兰陵(今山东兰陵)令。荀子对儒家思想有所发展,提倡"性恶论",常与孟子的"性善论"并称。荀子对整理儒家典籍也有相当的贡献。荀子学识渊博,在继承前期儒家学说的基础上,又吸收了各家的长处加以综合、改造,建立起自己的思想体系。现存的《荀子》32篇,大部分是荀子自己的著作,涉及哲学、逻辑、政治、伦理学许多方面的内容。在自然观方面,他反对信仰天命鬼神,肯定自然规律是不以人的意志转移的,并提出人应顺应自然规律才能繁荣发展;在人性问题上,他提出"性恶论",主张人性有"性"和"伪"两部分,"性"(本性)是恶的动物本能,"伪"(人为的)是善的礼乐教化,否认天赋的道德观念,强调后天环境和教育对人的影响。在政治思想上,他坚持儒家的礼治原则,同时重视人的物质需求,主张发展经济和礼治法治相结合。在认识论上,他承认人的思维能反映现实,但有轻视感官作用的倾向。在《劝学篇》中，他集中论述了关于学习的见解。文中强调"学"的重要性，认为博学并时常检查、反省自己则能"知明而行无过"，同时指出学习必须联系实际，学以致用，学习态度应当精诚专一，坚持不懈。他非常重视教师在教学中的地位和作用，认为国家要兴旺，就必须看重教师，同时对教师提出严格要求，认为教师如果不给学生做出榜样，学生是不能躬行实践的。他也提出了"水则载舟，水则覆舟"（《荀子·王制》）之思想。

循环经济(cyclic economy)

即物质闭环流动型经济，是指在人、自然资源和科学技术的大系统内，在资源投入、企业生产、产品消费及其废弃的全过程中，把传统的依赖资源消耗的线形增长的经济，转变为依靠生态型资源循环来发展的经济。

亚里士多德(Aristotle,公元前384—前322)

古希腊哲学家和百科全书式的学者。马克思称其为"古代最伟大的思想家"。他建立了自己的学园(吕克昂)。他在批判了自己的老师柏拉图关于"观念"是事物的非物质的形式的理论之后,创立了包括当时一切种类的知识的客观唯心主义学说。亚里士多德的伦理学专著有三部,其中主要的一种是供他儿子用的《尼各马可伦理学》。亚里士多德认为,研究家庭的善是伦理学,研究村坊的善是经济学,研究城邦(国家)的善是政治学。客观的合目的性是道德活动和高尚道德品质的基础。至善,这是人们为目的本身而追求的目的。揭示这种至善的最高的指导性科学是政治学。至善是独立自在的东西,既不可能是物质财富,又不可能是享乐,甚至不可能是一种美德,而是决定人的使命,这种使命体现在理性活动的完美实现中,体现在每件事情同特殊的、说明这件事情的特点的美德的一致中。追求至善的生活只能是积极的;没有显露在举动中的善良品质不产生快乐。除了最高目的之外,达到至善要求有从属于它的一定数目的较低目的。只有掌握这样一种美德,才能达到目的:首先要善于正确地肯定目标,即善于在过度和不及之间选择中间道。在这种情况下,不可能在过度与不及里找到"中间道";选择只能是好中之好。亚里士多德把美德分为道德的或性格的美德(如慷慨)和标准伦理的或理智的美德(如贤明)。后一种美德主要通过教育来发展,需要经验和时间。美德不是感情冲动,不是天生的能力,而是一种获得的特性,它产生于目的是在过度与不及之间寻找中间道的举动中。因为很难找到这种中间道,所以道德的完善是一种稀有的、值得赞扬的和美好的成果。因为美德的活动表现在种种用以达到目的的手段方面,所以处在人的控制下的,既有道德行为,也有不道德行为,也有节制。但是追求真正的目的,并不从属于个人的选择;人应当同这样追求与生俱来。谁天生就完全拥有这份追求,谁就是高尚的人。举动的任意性的程度同心灵的获得性的程度,并不是一回事:举动从始至终都在人的控制之下,而心灵的获得性只有在开始时是任意的,人也不知道他的性格是如何逐步形成的。亚里士多德认为人生真正的目的是幸福,幸福是活动本身引起的。幸福的生活是合乎心灵最好的部分所固有的最重要的美德的。心灵的活动是直观的。然而对真理的直观在亚里士多德看来,是一切活动中最引人入胜的活动;它最具有"自足性"。实践的美德活动(军事的、政治的)总是追去一定的目的,它之所以合乎愿望不是为了自己本身;同这样的活动相反,理性的直观活动之所有意义和有价值是为了他自身,不是为了追求某种外在的目的,它本身就包含着它独自所固有的,会增加精力的快乐。正是这样的生活才是人应当追求的。亚里士多德的道德理想是:最高尚的忘我精神是独立自在的,不受直观真理的实际活动的不安和惊恐所干扰的;哲学活动的先决条件是闲暇;最完善的和自我满足的直观是对住在世界之外的和世界之上的上帝的直观。

义务(obligation)

"义"是中国古代一种含义极广的道德范畴。"义"可训为"路"、"道"。《孟子·万章下》:"夫义,路也,礼,门也,惟君子能由是路出入是门也。"又《孟子·告子上》:"仁,人心也,义,人路也。"又《孟子·离娄上》:"仁,人之宅也,义,人之安正路也。"又《尚书·洪范》:"无偏无陂,遵王之义;无有作好,遵王之道,无有作恶,遵王之路。无偏无党,王道荡荡,无党无偏,王道平平;无反无侧,王道正直。"从上引各条可以看出,"义"与"道"、"路"意思相通,都是指称"王道"。后荀子言"从道不从君,从义不从父"皆与之同。当然,"道"的范畴要广得多。此外,"义"指公正合宜的道理或举动。《释名》曰:"义者,宜也、裁制事物,使合宜也。""宜"即"理"。裁制事物使之合宜的则是"心",是"心"在裁制事物,决定行为,但它并非凭空决定,而是必须使之合"理"。因而,"义"兼有客观之"义务"、"义理"和主观之"义务心"之双重含义。"义"既是"义务",也是"义理"。从而,我们可以这样来描述义务的含义:"义务"是对所有人发出的命令,所有的人都应当遵循,因为它是普遍、客观的道理。义务不是因人、因时、因地而异的,义务具有不依赖于个别主体的某种"天经地义"的性质,它不因主体认识和彻悟而存,也不因主体不认识它而亡。义务是从人与人的关系中产生出来的,是人的精神,然而,它又不依赖于个别的人,不依赖于自我,不仅仅存在于领悟它的心灵之中,它是客观存在的,个人的心灵可以领悟它,但它并非由个人的心灵产生,也不仅在心灵中存在。义务是一种以向特定个人提出道德要求的形式反映在道德要求中的社会必要性。换言之,这是把同等的归之于所有人的那个道德要求变为这个具体的人的、根据他此刻所处的状况和形势而提出的个人任务。如果道德要求反映的是社会对它的某些成员的关系(道德要求是由社会形成的,和向社会成员提出的),那么义务就是反映个人对社会的关系。个人在这里表现为对社会积极承担一定的道德责任的人(主体),他认识到这些责任并在自己的活动中加以实现。义务范畴同其他一些说明个人道德活动的概念有紧密的联系,这些概念是责任、自我意识、良心、动机。

营养级(trophic level)

由美国生态学家林德曼(R. L. Lindeman)在1942年提出的,是指为了解生态系统的营养动态,对生物作用类型所进行的一种分类。在生态系统的食物网中,凡是以相同的方式获取相同性质食物的植物类群和动物类群可分别称作一个营养级。营养级可分为:作为生产者的绿色植物和所有自养生物都处于食物链的起点,共同构成第一营养级。所有以生产者(主要是绿色植物)为食的动物都处于第二营养级,即食草动物营养级。第三营养级包括所有以植食动物为食的食肉动物。依此类推,还会有第四营养级和第五营养级。一般来说,营养级的位置越高,归属于这个营养级的生物种类、数量和能量就越少,当某个营养级的生物种类、数量和能量少到一定程度的时候,就不可能再维持另一个营养级的存在了。(参"**食物链**"条)

应用伦理学(applied ethics)

伦理学的一个分支,是将伦理学的基本原理、原则和规范应用于现实或未来重大社会问题而形成的伦理学理论形式。以伦理学原理为依据,着重研究和和解决现实生活中的伦理道德问题,使伦理道德更好地发挥自身的作用。应用伦理学中的应用本质上是将规范伦理学的理论和原则、规范运用于具体的道德生活领域,并在实践中验证和发展规范伦理学的理论和原则、规范,以推动伦理学的进步和完善。基本特征表现为:在研究对象上侧重研究规范伦理学理论在道德生活中的具体应用,在研究任务上以指导人类道德生活的具体实践为目的,在研究方法上以实证方法、描述法和解惑法为主,注重伦理道德和效能的发挥。应用伦理学有广狭之分:广义上的应用伦理学涉及人类生活的所有领域,包括个人生活、爱情婚姻家庭生活、职业生活、社会公共生活、社会经济生活、政治生活及国际关系诸领域等,凡在这些领域中产生并需要实际解决的伦理道德问题,都可以纳入到应用伦理学的范围之内,成为应用伦理学的一个分支。狭义上的应用伦理学是与爱情婚姻家庭伦理学、职业伦理学和社会公共生活伦理学相并列的伦理学类型,探讨的是现实社会生活中道德理论和规范的具体应用。应用伦理学作为系统化学科化的伦理学科是 20 世纪的产物,同其分支学科诸如环境伦理学、生命伦理学、科技伦理学、经济伦理学等的兴起密切相关。应用伦理学依据自身发展的状况可分为应用伦理学导论或理论的应用伦理学、应用伦理学发展史或应用伦理史学、应用伦理学分论或分支的应用伦理学和应用伦理学方法论四大类或四个大的研究领域。

应用生态学(applied ecology)

生态学的一个分支,是研究如何利用生态学的理论和原理来解释、指导、解决社会实践中所存在的问题。主要属于与生物资源的开发、利用和管理有关的个体生态学、种群生态学水平的发展范畴。

优生学(eugenics)

由英国博物学家高尔顿(Francis Galton)于 1883 年首创,源出希腊文 eugenes,本意"生好的",即"研究在社会控制下能改善或削弱后代种族(遗传)素质的动因。这种遗传素质既包括体格也包括智力"。优生学的主要理论基础是人类遗传学。它的措施涉及各种影响婚姻和生育的社会因素,如宗教法律、经济政策、道德观念、婚姻制度等。因此,优生学可定义为研究使一个民族未来的遗传素质在肉体和精神两方面向前进或衰退的社会因素的学科。

余谋昌(1935—)

男,汉族。中国生态文化理论奠基人,中国生态文化宏观战略研究课题首席专家。中国社会科学院研究生院教授、博士生导师,国务院发展中心国际技术经济研究所客座研究员,中国自然辩证法研究会理事,地学哲学委员会副理事长,中国环境伦理学研究会理事长。20世纪70年代以来,从事环境哲学、生态哲学、生态伦理学研究,发表论文100多篇,出版著作有《生态学哲学》等8种,这些著作提出了一些创新性概念,如"生物工程"、"工业生态学"、"生态工艺"、"仿圈学研究"、"生态价值"、"生态文化"、"灾害生态学"等,这些新概念有些已在国民经济建设实践中有所应用。《生态伦理学与新的林业范式》获林业部等6部委"森林大奖"二等奖;《文化新世纪:生态文化的理论阐释》获"五个一工程"奖。

《增长的极限》(*The Limits to Growth*)

罗马俱乐部于 1972 年发表的、对世界人口快速增长的模型分析结果。丹尼斯·米都斯(D. Meadows)主笔。这本书用 World 3 模型对地球和人类系统的互动作用进行仿真,反映了马尔萨斯在 1798 年发表的《人口学原理》中表达的观点。丹尼斯·米都斯和 Jorgen Randers 对最初的版本进行了更改。1993 年,他们在本书出版 20 周年之际,发表了新版本《超越极限》。最新版本由 Chelsea Green 出版社出版于 2004 年 6 月 1 日,标题是《增长的极限:30 年后的更新》。(参"**罗马俱乐部**"条)

张载(1020—1078)

北宋哲学家,理学创始人之一,程颢、程颐的表叔,理学支脉"关学"创始人,封先贤,奉祀孔庙西庑第 38 位。与周敦颐、邵雍、程颐、程颢,合称"北宋五子"。字子厚,汉族,大梁(今河南开封)人,徙家凤翔郿县(今陕西眉县)横渠镇,人称横渠先生。其学术思想在中国思想文化发展史上占有重要地位,对以后的思想界产生了较大的影响,他的著作一直被明清两代政府视为哲学的代表之一,作为科举考试的必读之书。张载认为,宇宙的本原是气。他说:"太虚无形,气之本体。"气有聚散而无生天,气聚则有形而见形成万物,气散则无形可见化为太虚。他认为宇宙是一个无始无终的过程,在这个过程中充满浮与沉、升与降、动与静等矛盾的对立运动。他还把事物的矛盾变化概括为"两与一"的关系,说:"两不立则一不可见,一不可见则两之用息。"认为两与一互相联系、互相依存,"有两则有一","若一则有两"。在认识论方面,他提出"见闻之知"与"德性之知"的区别,见闻之知是由感觉经验得来的,德性之知是由修养获得的精神境界,进入这种境界的人就能"大其心则能体天下之物"。在社会伦理方面,他提出"天地之性"与"气质之性"的区别,主张通过道德修养和认识能力的扩充去"尽性"。他主张温和的社会变革,实行井田制,实现均平,"富者不失其富"贫者"不失其贫"。张载还提倡"民胞物与"思想。他在《西铭》中说:"乾称父,坤称母……民,吾同胞;物,无与也。"乾坤是天地的代称,天地是万物和人的父母,天、地、人三者混合,处于宇宙之中,因为三者都是"气"聚而成的物,天地之性,就是人之性,因此人类是我的同胞,万物是我的朋友,万物与人的本性是一致的。他严格的区分了天、道、性、心等概念,准确的表达了理学的基本宗旨和精神。"为天地立心,为生民立命,为往圣继绝学,为万世开太平",张载这四句话被当代哲学家冯友兰概括为"横渠四句"。(参"**民胞物与**"条)

《哲学走向荒野》(*Philosophy Gone Wild*)

霍尔姆斯·罗尔斯顿著,1986年出版。该书汇集了作者从20世纪60年代末到80年代初撰写的最具代表性的学术论文和一些带有深刻的哲学哲理性思考的散文。全书四篇14章。第一篇"伦理学与自然",主要讨论生态伦理是否存在的问题,指出生态伦理学所要探讨的是将伦理关注普通化,承认生态圈中的每一物类都有其内在价值,应当把生态系统纳入伦理关怀的范围。第二篇"自然中的价值",再现了西方学术界人类价值论和非人类价值论的学术争论,论证了自然的工具价值与内在价值及其关系,独创性地提出并确证了生态系统的价值。第三篇"实践中的环境哲学",以案例分析的方法,研究了现代社会环境和资源破坏的根源,简要地介绍了人本主义和自然主义环境伦理的重要准则,并对荒野价值的层次、类型、评价以及明智的保护和利用,进行了深入的探讨,提出了富有见地的可运作的实践理论。第四篇"体验自然",指出尽管荒野有着内在的、不以人为中心的价值,但是"只有人类才能在最丰富、最深刻的意义上体验荒野"。认为哲学走向荒野后,能在那里找到丰富的体验。从这些体验中,人类既感觉到自然的广大,意识到自己在自然中的位置,又体验到自己内在的本性,以及超越自己的自然。(参"罗尔斯顿,霍尔姆斯"条)

浙江省生态文化协会

2010年12月9日,浙江省生态文化协会在杭州成立。由浙江省政协、人大常委会领导担任会长及名誉会长,浙江省委宣传部等27家省级部门负责人担任副会长,业务主管单位为浙江省林业厅。协会以弘扬生态文化,倡导绿色生活,共建生态文明为宗旨,将致力于汇聚全社会的力量,共同推动全省生态事业的发展。

浙江省生态文化研究中心

为加强浙江生态文化自信、促进浙江生态省建设,提高公众生态文明意识和生态文明建设。浙江省生态文化研究中心于2011年10月26日在浙江农林大学揭牌成立。浙江省生态文化研究中心通过整合利用全省、全国资源,广泛吸收社会各界的研究和实践成果,以求实的精神、严谨的作风和科学的态度,深入开展生态文化、生态文明理论研究,大力传播生态文化知识,普及生态文明理念。

整体主义价值论

现代西方环境伦理思潮之一。整体主义内在价值论以利奥波德(A. Leopold)的"大地伦理学"为代表。利奥波德认为,事物的内在价值是与"生命共同体"的概念密切相连的。他指出,道德是在生存竞争中对行动自由的自我限制,这一限制产生于"个体是相互作用的共同体一员"的认识。如果某一存在物属于道德共同体,那么就应该受到平等的道德尊重,就应该享有来自道德共同体和其他成员的义务。也就是说,孤立的个体本身是无所谓内在价值的,个体只有置身于一个相互作用的共同体之中,才能获得自己的道德地位。所以,所谓内在价值,只能是相互作用的生命共同体所具有的内在价值;"道德主体"或道德共同体,实际上只是这种生命共同体。由于人类和土壤、水、植物和动物等同属一个"生命共同体",共同维持着这一共同体的平衡和发展,所以,他们共同地成为道德的关怀对象。在这里,人类不再是大地的支配者,而只不过是大地这一生命共同体中普通的、平等的一员,因而,人类应当承担起对土壤、水、动植物以及生命共同体的责任和义务。在个体与生命共同体的关系上,利奥波德认为,整体的价值高于个体的价值,也就是说,生命共同体成员(包括人)的价值要服从生命共同体本身的价值,即个体的价值是相对的,只有生态系和物种这类集合体才具有最高的价值。(参"**利奥波德,奥尔多**"、"**大地伦理学**"、"**《沙乡年鉴》**"条)

政治文明(political civilization)

人类社会政治生活的进步状态和政治发展取得的成果,主要包括政治制度和政治观念两个层面的内容。在政治制度层面,主要表现为由于经济基础和阶级力量对比的变化所引起的国家管理形式、结构形式的进化发展,即政体或国体、政体范围内的政治体制、机制等方面发展变化的成果。在政治观念层面,主要表现为政治价值观、政治信念和政治情感的更新变化。如民主、自由、平等、人权、正义、共和、法治等思想观念的形成、普及和发展,以及人们政治参与意识的普遍增强等等。政治文明有以下一些主要的特征:1.从暴力政治走向协商政治。尽管暴力是政治的最后手段,但是非暴力的政治应该是现代政治文明的主要特征。法国思想家卢梭曾说,"即使是最强者也决不会强得足以永远做主人,除非他把自己的强力转化为权利,把服从转化为义务。"就是说,一种持续稳定的统治秩序一定是基于权利与义务关系上的秩序,而不是基于暴力的政治。因此,现代政治文明注重以协商政治为导向,通过谈判、妥协、让步来获得政治问题上的共识和认同。2.从权力政治走向权利政治。传统的政治以权力为导向,政治活动的主要领域几乎都是围绕权力的问题而展开的。随着政治文明的发展,权力政治的倾向逐步为权利政治所取代。我们说政治文明的发展有一条关于平衡权力与权利关系的主线,反映的就是这方面的变迁。现代政治文明往往以权利为政治的核心,权力服从权利,权力保障权利,权利制约权力,权利是权力的目的,如此等等。3.从无序政治走向有序政治。政治文明的进程实际上也是一个政治制度化、政治秩序化的进程。现代政治文明结束了过去那种政治生活的变幻无常、随心所欲以及动荡不安、政权不稳的时代,建立了一整套保证政治稳定的制度规则和行为规则,从而使政权的交替、政策的变革等等,都能够在一种既定秩序下进行。4.从垂直政治走向平面政治。传统政治的一个重要特征就是垂直的权力关系,而现代政治文明条件下权力的关系实现了分散化、平面化。如地方自治政府的建立,政府、非政府以及公民的"多中心治道",官民的协同治理等等,都体现了现代政治文明的发展取向。现代政治文明既注重公民的权利,也注重公民的责任,强调政府与公民对于社会公共事务管理的共同责任和共同利益。

制度文明(system/institutional civilization)

制度文明是制度建设的结果,又通过制度建设及其过程体现。它在整个文明中具有重要的地位。在治理国家中,制度建设问题带有根本性和全局性。制度文明的层次标志着领导集体统治艺术和技巧的成熟程度,它关系到统治阶级集团整体利益的实现状况和政权运作的相对稳定状况。就一国来看,制度文明建设是一个国家政治、经济、文化建设的重要内容,它的进程有赖于社会现有的物质文明和精神文明整体水平的提高。从某种程度上说,一个国家的文明程度集中地反映在它的制度文明状况上,后者往往体现并制约着该国在物质文明和精神文明方面所能达到的程度。就国际社会而言,制度文明的状况除此之外还更多地与国际社会各种势力的力量对比状况联系在一起。制度文明可以依制度的类别不同而分为若干种。在制度文明中,政治文明居于重要的位置。政治文明是指国家政治制度的进步状态,它的发展程度主要通过不同时期社会统治者或国家管理者对于国家的性质、职能、目的、组织形式,及治国方略等问题的认识和实践来体现。包括政治文明在内的制度文明是随同整个人类文明一起发展起来的;同样,制度文明的内容也不是一成不变的,它的进步具有迭代的更替性。由此,我们看到,制度文明依时代或社会的不同而有其不同的表现形式,各种制度文明之间的区别集中地反映在某政治文明的本质及其建设方向上。这又包括两方面的内容:1. 现代政治文明与以往的那种"建立在劳动奴役制度上的罪恶的文明"有着根本的不同。从一般意义上讲,现代社会之前的阶级社会,其政治文明是与代表少数人利益的专制政治紧密地联系在一起的,统治者以对于多数人自由的严加限制和对少数人自由的特殊保护,作为社会秩序稳定的基础,其政治制度建设的方向就是,有效地维护以私有制为基础的经济制度和专制政权,努力使社会成员之间的等级差异及由它所形成的社会秩序具有法的合理性,使由法所确定的等级秩序常态化。2. 尽管现代社会都以民主政治为政治文明的核心内容,但是在运作方式上,社会主义民主和资本主义民主又因其政治制度的不同而有所区别,这主要表现在公民法定权利的内容和实现方式上。

致良知

王阳明继承和发展了程颢的"仁者以天地万物为一体"的思想,成了中国哲学史上"天人合一"说之集大成者。他认为人与天地万物一气流通,"原是一体",天地万物的"发窍之最精处"即是"人心一点灵明"(《传习录》下),人心即是天地万物之心,是人心使天地万物"发窍"而具有意义,离开了人心,天地万物虽然存在,却没有开窍,没有意义。王阳明的"天人合一"思想使人与天地万物之间达到更加融合无间的地步。王阳明还对人心与万物一体相通的内涵作了进一步的说明。在他看来,这"天地万物与人原是一体"之"一体",是靠"心之仁"联系起来的有机整体,这就是王阳明所说的"一体之仁"。没有这"一体之仁",人与天地万物之间彼此就会麻木不仁、痛痒无关。正是有了这"一体之仁",才使"大人者"能"视天下犹一家,中国犹一人焉"。此"一体之仁也,虽小人之心,亦必有之",故一般的人也能"见孺子之入井,而必有怵惕恻隐之心",甚至见自然之物,亦"必有不忍之心"、"悯恤之心"、"顾惜之心"(《大学》)。王阳明正是根据这种"一体之仁"的基本观点,强调了"天下之人无外内远近","皆其昆弟赤子之亲"(《答顾东桥书》)和"满街都是圣人"(《传习录》下)的道德思想。当然,王阳明在大力主张"一体之仁"的博爱思想的同时,也在一定程度上承认"差等之爱":在对人之爱与对物之爱之间、在至亲之爱与对路人之爱之间都有厚薄之分。这都是"良知上自然的条理,不可逾越"(《传习录》下)。

中国环境与发展国际合作委员会(China Council for International Cooperation on Environment and Development)

一个由中外环发领域高层人士与专家组成的、非营利的国际性高级咨询机构,已经成为中国环境领域对外开放的重要场所、中外环保交流合作的重要平台。中国环境与发展国际合作委员会(国合会)于1992年由中国政府批准成立,是一个由中外环发领域高层人士与专家组成的、非营利的国际性高级咨询机构,主要任务是交流、传播国际环发领域内的成功经验,对中国环发领域内的重大问题进行研究,向中国政府领导层与各级决策者提供前瞻性、战略性、预警性的政策建议,支持促进中国实施可持续发展战略,建设资源节约型、环境友好型社会。自1992年成立以来,国合会已历经三届,成功运作15年。中国政府批准继续成立第四届国合会(2007—2011)。国合会每五年换届一次,每届国合会由约40—50名中外委员组成。共计170余位中外委员先后参加前三届国合会工作。国合会主席由国务院领导同志担任。

中国生态文化协会(China Eco-Culture Association)

2008年10月8日成立于北京,是经民政部批准成立的全国性社会团体。协会的宗旨是弘扬生态文化,倡导绿色生活,共建生态文明。

中国生态文明研究与促进会(China Ecological Civilization Research and Promotion Association)

经国务院批准的全国性社会团体,是中国第一个以生态文明命名的专业性、公益性、非营利性社会组织,其宗旨是聚集全国高端人才,协助党和政府深入推进生态文明建设,为各级党政领导决策提供咨询服务。2010年10月18日中华人民共和国民政部批复筹备成立,2011年11月11日在北京召开中国生态文明研究与促进会成立大会。中国生态文明研究与促进会是我国第一个以生态文明建设作为主要关注方向的社会团体,民政部于2010年10月18日批复筹备成立;是由有志于生态文明建设事业的人士与生态文明相关的企事业单位和社会组织自愿结成的、协助党和政府推进生态文明建设的专业性、非营利性社会组织,其宗旨在凝聚全国有志于生态文明建设的力量,深入研究生态文明建设的重大课题,即推进生态文明建设,坚持为生态文明建设服务。中国生态文研究与促进会的日常决策与执行机构是一会三委,即理事会、专家咨询委员会、研究指导委员会、创建促进委员会。

种群(population)

生态学上的概念,指在同一时期内占有一定空间的同种生物个体的集合。种群是由同种个体构成的,占有一定的领域,是同种个体通过种内关系组成的一个统一体或系统。自然种群具有3个基本特征:空间特征,即种群具有一定的分布区域;数量特征,即每单位面积或空间上的个体数量(密度)是变动的;遗传特征,即种群具有一定的基因组成。

朱熹(1130—1200)

字元晦,一字仲晦,号晦庵、晦翁、考亭先生、云谷老人、沧洲病叟、逆翁。南宋江南东路徽州府婺源县(今江西省婺源)人。19岁进士及第,曾任荆湖南路安抚使,仕至宝文阁待制。为政期间,申敕令,惩奸吏,治绩显赫。南宋著名的理学家、思想家、哲学家、教育家、诗人、闽学派的代表人物,世称朱子,是孔子、孟子以来最杰出的弘扬儒学的大师。朱熹继承周敦颐、二程,兼采释、道各家思想,形成了一个庞大的哲学体系。这一体系的核心范畴是"理",或称"道"、"太极"。朱熹所谓的理,有几方面互相联系的含义:1.理是先于自然现象和社会现象的形而上者。他认为理比气更根本,逻辑上理先于气;同时,气有变化的能动性,理不能离开气。他认为万物各有其理,而万物之理终归一,这就是"太极"。2.理是事物的规律。3.理是伦理道德的基本准则。朱熹又称理为太极,是天地万物之理的总体,即总万理的那个理。"太极只是一个理字。"太极既包括万物之理,万物便可分别体现整个太极。这便是人人有一太极,物物有一太极。每一个人和物都以抽象的理作为它存在的根据,每一个人和物都具有完整的理,即"理一"。气是朱熹哲学体系中仅次于理的第二个范畴。它是形而下者,是有情、有状、有迹的;它具有凝聚、造作等特性。它是铸成万物的质料,天下万物都是理和质料相统一的产物。朱熹认为理和气的关系有主有次。理生气并寓于气中,理为主,为先,是第一性的,气为客,为后,属第二性。

庄子(Chuang-tzu,约公元前369—前286)
名周,字子休(一作子沐),先秦(战国)时期伟大的思想家、哲学家和文学家。庄子原系楚国公族,楚庄王后裔,后因乱迁至宋国,是道家学说的主要创始人。与道家始祖老子并称为"老庄",他们的哲学思想体系,被思想学术界尊为"老庄哲学",然文采更胜老子。代表作《庄子》并被尊崇者演绎出多种版本,名篇有《逍遥游》《齐物论》等,庄子主张"天人合一"和"清静无为"。他的学说涵盖着当时社会生活的方方面面,但根本精神还是皈依于老子的哲学。庄子曾做过漆园吏,生活贫穷困顿,却鄙弃荣华富贵、权势名利,力图在乱世保持独立的人格,追求逍遥无恃的精神自由。对于庄子在中国文学史和思想史上的重要贡献,封建帝王尤为重视,在唐开元二十五年庄子被诏号为"南华真人",后人即称之为"南华真人"。庄子一生著书十余万言,书名《庄子》。《庄子》一书也被称为《南华真经》。其文章具有浓厚的浪漫色彩,对后世文学有很大影响。这部文献是中国古代典籍中的瑰宝。

自律的伦理学(self-discipline ethics)
即规范的伦理学(normative ethics)。这种伦理学从德行内在的、自己的规律中引申出各种道德原则。康德提出了自律的伦理学的思想。康德企图以此证明,当行为仅仅是在尊重道德规律的基础上完成的时候,当行为摆脱了附加的动机,即摆脱了个人利害关系、爱好功名的思想、为周围人造福的愿望等等的时候,才能把这种行为看成是道德的。康德的"为义务而义务"的公式具有这样的内涵,即道德不可能用经验证明,它是自明的原则。

《自然的经济体系——生态思想史》(*Nature's Economy: A History of Ecological Ideas*)

美国学者唐纳德·沃斯特著。该书以欧美,特别是英美生态思想和生态学学科的发展为主线,全面分析、介绍了生态思想发展的历史过程,各种流派尤其是其中代表人物的主要思想与观点,相互间的继承关系及其对生态思想和生态学发展的贡献与局限。作者把每位重要生态思想家或生态学家放到了其所处的特定社会文化背景中,分析它们对其思想形成的影响,有利于读者从理论与现实各方面深刻地了解和把握西方各种生态思想和学术观点的发展演化规律,及其对社会发展的影响作用。

自然法则(Natural Law)

亚里士多德的认为,人们对事物的探索起因于对自然万物的惊异(亚里士多德《政治学》,吴寿彭译,2009)。由此他进一步说探索哲理只是为了摆脱愚蠢,而爱好神话的人也是爱好智慧的人。对于某事物要全面了解,就必须掌握该事物的本因。通过观察,亚里士多德把自然界分作两类:有生命的和没生命的。有生命事物的行为特性,被称为生命本身的原理,叫做"精神"(psyche),后来又被称为灵魂(soul)。这样,说某物质是活的,就是说它有灵魂。亚里士多德接着3种基本的生命行为(力):营养、感觉、思考。一些事物只有一种(营养灵魂),而有些则有两个(营养、欲望或感觉),有些则有三种(营养、欲望和思维)。植物只有营养灵魂,也就意味着它只有营养、生长、繁殖能力等特性;动物除了营养外还有欲望,它们的自然行为还包括感觉、希望和感情;只有人类有营养、欲望和思维这样三种行为。亚里士多德认为,这种目的论可适用于所有的自然物体,当然也包括人类。万事万物皆有其自然行为和功能,当其功能能够正常发挥时,它即是完善的。这是亚里士多德对善的定义。13世纪,托马斯·阿奎那在其著作中对亚里士多德的目的论体系作了进一步发展。阿奎那用基督教神学对亚里士多德的科学和伦理进行了综合。在他看来,亚里士多德对科学和伦理的目的解释正是上帝存在的重要证据:所有事物的特征和行为都来自于上帝,都是上帝意志的表达。即上帝是绝对的善。在这样的假设下,是上帝建立了自然界的目的;那么,自然秩序就是来自于上帝的至高无上的秩序,也理所当然地是我们应当绝对遵从的伦理道德秩序。

自然生态系统(natural ecological system)

在一定时间和空间范围内,依靠自然调节能力维持的相对稳定的生态系统,如原始森林、海洋等。由于人类的强大作用,绝对未受人类干扰的生态系统已经没有了。自然生态系统可以分为:1.水生生态系统:以水为基质的生态系统;2.陆生生态系统:以陆地土壤或母质等为基质的生态系统。生态系统的一个重要特点是它常常趋向于达到一种稳态或平衡状态,这种稳态是靠自我调节过程来实现的。调节主要是通过反馈进行的。当生态系统中某一成分发生变化时,它必然会引起其他成分的出现相应的变化,这种变化又会反过来影响最初发生变化的那种成分,使其变化减弱或增强,这种过程就叫反馈。负反馈能够使生态系统趋于平衡或稳态。生态系统中的反馈现象十分复杂,既表现在生物组分与环境之间,也表现于生物各组分之间和结构与功能之间,等等。在一个生态系统中,当被捕食者动物数量很多时,捕食者动物因获得充足食物而大量发展;捕食者数量增多后,被捕食者数量又减少;接着,捕食者动物由于得不到足够食物,数量自然减少。二者互为因果,彼此消长,维持着个体数量的大致平衡。这仅是以两个种群数量的相互制约关系的简单例子。说明在无外力干扰下,反馈机制和自我调节的作用,而实际情况要复杂得多。所以当生态系统受到外界干扰破坏时,只要不过分严重,一般都可通过自我调节使系统得到修复,维持其稳定与平衡。生态系统的自我调节能力是有限度的。当外界压力很大,使系统的变化超过了自我调节能力的限度即"生态阈限"时,它的自我调节能力随之下降,以至消失。此时,系统结构被破坏,功能受阻,以致整个系统受到伤害甚至崩溃,此即通常所说的生态平衡失调。

自然之友(Friends of Nature)

中国民间环境保护团体,会址设在北京,1994年3月经政府主管部门批准,正式注册成立,是中国最早在民政部门注册成立的民间环保组织之一,创始人是梁从诫、杨东平、梁晓燕和王力雄。梁从诫为创会会长。自然之友以开展群众性环境教育、倡导绿色文明、建立和传播具有中国特色的绿色文化、促进中国的环保事业为宗旨。自1993年成立以来,"自然之友"开展的重大行动有:保护川西洪雅天然林;保护滇西北德钦县原始森林滇金丝猴;开展藏羚羊保护工作与可可西里地区反盗猎行动等。由自然之友会员发起创办的NGO(非政府组织)已有10多家。自然之友累计获得国内国际各类奖项20余项,如"亚洲环境奖"、"地球奖"、"大熊猫奖"、"绿色人物奖"和菲律宾"雷蒙·麦格赛赛奖"等。历经十几年的创立与发展,自然之友成为中国具备良好公信力和影响力的环境非政府组织,为中国环保事业和公民社会的发展作出了积极贡献,并已成为标志性组织之一。(参"梁从诫"条)

自然资本(Natural Capitalism)
自然资本由自然资源、生命系统和生态所构成,包括传统的自然资源供给能力,地球对于污染的吸收和降解能力,以及生态愉悦等生态系统为人类提供的服务。20 世纪 80 年代以来在国际学术界迅速崛起的生态经济学认为,生态文明的理论基础是自然资本论。传统工业革命的经济增长模式严重有赖于人造资本(表现为机器、厂房、设施等运用自然资本而制造出来的人造物品)的增长,并以严重损害自然资本为结果。自然资本成为制约经济增长的决定因素。

自我实现伦理学(Self-realization Ethics)
现代西方资产阶级伦理学。主要代表有新黑格尔主义者格林(T. H. Green)和布拉德雷(F. H. Bradley),出现于 19 世纪末至 20 世纪初。自我实现伦理学认为道德活动的目的在于个人实现自己"内在的我",而"内在的我"是独一无二的、不会重复的、跟所有其他人的"我"不同的。由此得出结论:个别人的行为的道德意义不在于这些行为符合对一切人都是共同的某种道德原则,恰恰相反,这些行为的道德意义在于它们是个体的、独特的、和其他人的举动不相似的。把个人和全体对立起来的这种道德标准观点,建立在道德上的个人主义的基础上,从而导致道德观中极端的唯意志论。

自治(Self-government/Autonomy)

自治,按照字面含义是自己统治,在英文中,自治对应有两个单词,分别是 Self-government 与 Autonomy,前者主要是指制度,后者主要指自治的权限,二者都传达出一种个体不受第三方支配的自我控制状态。自治以自主、自决为先决条件,有三种不同含义:1.泛指一切自主、自决的独立负责行为及其状态。即一般意义上的"自我管理"或"自我统治"。以社区、社群的自我管理为典型。2.在政治生活中具有主权的国家或在国家内部享有相当程度自我管理权利的区域与机构。在这个意义上,民族国家的自治等同于民族国家的独立;民族国家内部的自治则指在承认国家主权和统一的绝对前提下,在政治、经济、法律、文化、社会事务诸方面享有自我管理的种种特权,其具体有两种状况:一是区域自治,一是机构自治。3.在政治思想领域指个人自由的一个方面。

自组织系统(self-organizing systems)

即能自行演化或改进其组织行为结构的一类系统。生态系统是自组织系统,无需外界特定指令而可自行组织,自行创生,自行演化,能够自主地从无序走向有序,形成新的有序结构系统。在一般系统论中,其最广泛的含义是指:该系统能在与环境相互作用条件下,通过自身的演化而形成新的结构和功能。

《尊重自然:一种环境伦理学理论》(Respect for Nature:A Theory of Enviromental Ethics)

西方环境伦理学界极具权威性的学者保罗·沃伦·泰勒(Paul

Warren Taylor)著。该书被西方学术界视为"当代捍卫生物中心主义伦理学的最完整且最具哲学深度的著作之一"。在《尊重自然》一书中,泰勒以职业哲学家的眼光,在借鉴人际伦理学的理论成果和吸收当代生态科学理论的基础上,建构了一套完整的生物中心主义伦理学体系。他的基本理论主要围绕三部分展开:一是尊重自然的道德态度;二是生物中心主义的自然观;三是实现尊重自然态度和信念的一套伦理标准和规则。它为理解环境伦理学的宗旨提供了良好的思路。

后记

譬如考试,现在终于可以交卷了。

生态文化关涉人与自然,人与社会之大势,生态文化研究使命光荣,意义深远,自不待言。编写这本《生态文化辞典》,是我们研习生态文化的一个阶段性呈现,旨在为生态文化研究事业,尽匹夫之责,作出应有的贡献。然而此项工作任务艰巨,所确定的230余条词目内容繁富,涉及面广,非区区数人之力所能为之。于是这本《生态文化辞典》,也是我们集思广益的一个尝试,凝聚了来自全国各地的专家学者们诸多心血。为了同一个目标,"他们"成了"我们",一起殚精竭虑,度过了若干不眠之夜。组稿过程中,为了体现"生态性"的追求,尽量避免使用实体交通工具,尽量避免实体会议的费用,而是采用电话、E-MAIL、QQ等联系方式,方便快捷,卓有成效。

本辞典主编王旭烽教授,当代著名女作家,茅盾文学奖得主。祖籍江苏徐州,生于浙江平湖,浙江大学历史系毕业。发表各类作品一千万字,曾获徐迟报告文学奖、先后四次获国家"五个一工程"奖,并以长篇小说《茶人三部曲》获第五届茅盾文学奖。此外,著有越剧剧本《藏书之家》、昆剧剧本《红楼梦》和生态文化剧《六羡歌》

等。现为浙江省作家协会副主席、中国国际茶文化研究会理事、浙江省茶文化研究会副会长、浙江省生态文化研究中心秘书长兼副主任、浙江农林大学生态文化研究中心主任、浙江农林大学文化学院院长。

本辞典副主编任重教授,北京师范大学历史学博士,浙江省生态文化协会副秘书长,浙江农林大学生态文化研究中心副主任。

本辞典参与编写人员如下(36人,排名不分先后):

北京大学:孙美莉

浙江师范大学:王洪岳

井冈山大学:廖伦忠、彭福华、姚声正、邱斌、李淑冰、张华

浙江农林大学:王旭烽、黄玉冰、闫晶、朱永香、李广平、何芳、张小芳、王洪、陈仪、冯晓燕、王秋雁、彭赋、任重、姜涛

胜利石油管理局:孙和林、高勇

中国石油大学:张力军、庄道树

乐山职业技术学院:王竹、陈雄

浙江省林业厅:高洪娣、冯博杰、姚霞

浙江警官职业学院:夏丽萍

江西泰和中学:谢云兰

南京大学:廖静如

温州大学:孙芙蓉

丽水学院:吴素萍

对上述各位所贡献的宝贵智慧,《生态文化辞典》和我们这个"生态"团队将铭记不忘,相信这是有价值的。在这里,还要特别感谢我国生态文化研究巨擘、中国社会科学院哲学所教授余谋昌先生惠赐序言,这不啻对编者是一种莫大的鼓舞、鼓励,亦为本辞典增色

良多。

　　须补充说明的是，此项工作是在浙江省生态文化研究中心、浙江农林大学生态文化研究中心的共同组织下完成的。浙江省生态文化研究中心、浙江农林大学生态文化研究中心主要致力于"生态文化理论研究"、"生态产业研究"、"生态文化传播研究"等三大方向的工作，这本《生态文化辞典》涉及中心的"生态文化理论研究"和"生态文化传播研究"两大方向，因此得到了浙江省委宣传部、浙江农林大学及浙江农林大学新农村发展研究院的大力支持。在此一并表示由衷的谢忱。

　　但由于时间仓促，编者视野所限、水平所限等因素，这本《生态文化辞典》的疏漏、舛误之处在所难免，我们衷心期待来自各方的批评、指正，以便将来再版时继续充实、完善。而且，如本辞典序文中所说，我们寄希望于这是一次有益的呈现。

编者
二〇一二年仲夏